Otto Markwart

Wilibald Pirckheimer als Geschichtschreiber

Otto Markwart

Wilibald Pirckheimer als Geschichtschreiber

ISBN/EAN: 9783743652675

Hergestellt in Europa, USA, Kanada, Australien, Japan

Cover: Foto ©ninafisch / pixelio.de

Weitere Bücher finden Sie auf **www.hansebooks.com**

Wilibald Pirekheimer

als

Geschichtschreiber.

Inaugural-Dissertation

zur

Erlangung der Doktorwürde

vorgelegt der

hohen philosophischen Fakultät

der

Universität Basel

von

Otto Markwart.

Zürich.
Verlag von Meyer & Zeller
(Reimmann'sche Buchhandlung.)
1886.

Druck von Schiller & Co. (B. Cotti) Zürich.

Dem Andenken

meines verehrten Lehrers

Prof. Dr. Wilhelm Vischer.

———

Quantus domi in Republica administranda fueris, omnes praedicant. Qualis in doctos et bonos viros existas, futura post saecula non tacebunt.

Battista Egnazio an Pirckheimer.

Inhaltsverzeichniss.

I. Abschnitt.

III. Abschnitt.

Historisch-kritische Betrachtung des Bellum Suitense.

a) *Zeit der Abfassung.*

b) *Pirckheimer's Quellen.*

Seine Hauptquelle ist Petermann Etterlin. Daneben
finden sich Notizen aus Biondo von Forli, Hämmer-

IV. Schlussbetrachtung.

Erster Abschnitt.

—

a) Einleitung.

Als 1499 von Basel aus aufwärts an beiden Ufern des Rheins bis zum Sarganserland, und weiterhin bis zu den Quellen der Adda und des Inn der bekannte letzte Kampf um die Unabhängigkeit der schweizerischen Eidgenossenschaft ausgekämpft wurde, da befand sich auf Seite der Kaiserlichen auch das Contingent der freien Reichsstadt Nürnberg. An ruhmvollen Thaten zu participiren, gab es für dasselbe in diesem Kriege nicht viel Gelegenheit — hat sich doch der trostlos klägliche Zustand des alten Reichsorganismus vielleicht nie wieder in so evidenter Weise wie damals geoffenbart. Was aber in ihren Kräften stand, das that die genannte Schaar, so dass ihr am Schluss des Krieges vom Kaiser Maximilian selbst eine ehrenvolle öffentliche Anerkennung zu Theil ward.[1] Ja, sie darf sich rühmen, an demjenigen Treffen theilgenommen zu haben, an welchem laut Geständniss eines zeitgenössischen schweizerischen Chronisten „den Eidgenossen me ze leyd geschach, denn in allen schwebischen kriegen".[2] Trotz alledem würden wir vom

---

[1] *Pirckheimer*, Bellum Suitense, Zürich, b. C. Orelli, 1737, pag. 95.

[2] B. S. 81 und *P. Etterlin*, Kronika von der loblichen Eidgnoschaft, ed. Spreng, Basel, 1752, pag. 249.

1

Antheil dieses Contingentes am Schwabenkrieg kaum mehr
wissen, als dass dasselbe so und so viel hundert Mann betrug,
wozu noch günstigen Falls die trockene Notiz käme, an
welchen Zügen und Treffen es mithandelnd dabei war, hätte
uns nicht der Anführer desselben in seinem berühmten
„Bellum Suitense" von den Thaten und Leiden seiner Schaar
in lebensvollsten Zügen ein Bild hinterlassen, wie es keiner
andern Abtheilung des kaiserlichen Heeres zu Theil geworden
ist. Dieser Anführer ist kein geringerer als *Wilibald Pirckheimer*.

Muss es der Geschichtsschreiber stets als eine der glück-
lichsten Fügungen preisen, wenn ihm bedeutungsvolle Ereignisse ferner Vergangenheit durch die Feder eines fein gebildeten, Welt und Menschen kennenden Mannes geschildert
werden, so darf man a priori mit grossen Erwartungen an
das genannte Werk des Nürnberger Rathsherrn herantreten.
Schien doch derselbe schon durch Geburt und Erziehung
dazu bestimmt zu sein, die Verhältnisse seiner Zeit mit einem
Verständniss betrachten zu können, wie es immer nur Wenigen
gegeben sein wird. Aus reicher patricischer Familie stammend,
in der Führung der Waffen ebenso wohl wie in den Wissenschaften bewandert, deren Pflege und Förderung er nicht
weniger eifrig betrieb als die Rathsherrengeschäfte seiner
Vaterstadt, Rath Maximilian's und Karl's V., und selber ein
Fürst unter den Gelehrten, wie Janssen ihn schön und treffend
genannt hat,[1] musste Pirckheimer wie kein Anderer dazu
befähigt sein, den bedeutsamen Krieg, der für Deutschland
mit der factischen Loslösung der Schweiz aus dem Reichs-
verbande endete, in seiner ganzen Bedeutung, nach Ursachen
und Verlauf der Nachwelt zu überliefern, zumal da er selbst
nicht nur als Augenzeuge, sondern als Mithandelnder an demselben Theil genommen hatte. Der objectiv prüfenden klaren
Darstellung des Gelehrten — dürfen wir in Anbetracht all'
dieser Umstände erwarten — kommt für die Schilderung der
Kriegsereignisse die praktische Erfahrung des ehemaligen

[1] Geschichte des deutschen Volkes I[7], pag. 121.

Feldhauptmanns zu Hülfe, für die Beurtheilung der politischen Combinationen der geschärfte Blick des welterfahrenen Staatsmannes. Und wie um uns den Besitz eines solchen Werkes noch theurer und kostbarer zu machen, kommt der weitere Umstand hinzu, dass die übrigen Aufzeichnungen über diesen Krieg auf kaiserlicher Seite ungemein spärlich vertreten sind. [1]

Fragen wir, ob nun aber auch all' die Erwartungen, die wir ausgesprochen, in That und Wahrheit so eingetroffen sind, so scheinen wir auf den ersten Blick hin mit einem bestätigenden Ja antworten zu dürfen, denn fast Keiner, der auf diese Ereignisse zu reden kommt, unterlässt es, rühmend auf diesen Gewährsmann aufmerksam zu machen. Da wird er eingeführt: „Seine den gebildeten Krieger verrathende Darstellung" [2], und sein Werk wird genannt „ein Meisterstück zeitgenössischer Geschichtsschreibung". [3] Von ihm selbst heisst es: „Wilibald Pirckheimer, der hochgebildete Patricier, der als Führer einer Nürnbergischen Schaar am Kriege theilnahm, und als „deutscher Xenophon" diese Ereignisse beschrieben ..." [4], „der unterrichtetste deutsche Geschichtsschreiber jener Dinge" [5] und leicht liessen sich ähnlicher ehrender Erwähnungen noch mehr finden.

Dazu stehen nun aber in auffallendem Contrast Aeusserungen von Forschern, welche sich ganz speciell mit diesem Krieg oder speciell mit einzelnen Ereignissen desselben abgegeben haben, Ranke an der Spitze, der die schweizerischen Berichte in den wesentlichsten Dingen mit ihm in Widerspruch findet, [6] Zellweger sodann in seiner

---

[1] Vergl. *Ulmann*, Kaiser Maximilian I., pag. 702, Anm. Wir können dieses Buch nicht nennen, ohne gleich hier schon dem Verfasser unsern lebhaften Dank auszusprechen für die manigfachen Belehrungen und Anregungen, die er uns in demselben geboten hat.
[2] *Wilh. Meyer*, Die Schlacht bei Frastenz, Archiv für Schweizerische Geschichte, 1864, pag. 106.
[3] *Thausing*, A. Dürer, 1876, pag. 180.
[4] *G. Weber*, Allgem. Weltgeschichte², IX, pag. 174.
[5] *Ulmann*, a. a. O. 688.
[6] Zur Kritik neuerer Geschichtsschreiber², pag. 119.

Geschichte des Appenzeller Volkes [1]), welcher ebenfalls erkennt, dass Pirckheimer in seinen Einzelheiten nicht sehr zuverlässig ist. Alfons von Flugi [2]) wirft ihm oberflächliche Kenntniss der Gegenden, wo die Schlacht an der Calven stattgefunden, vor, und Vetter in seiner Abhandlung über eben dieselbe Schlacht, sagt von Pirckheimer's Darstellung, dass derselbe „freilich gerade hier über die Bewegungen der Gegner ungenügend unterrichtet scheint". [3]) Ja, selbst Ulmann, der Pirckheimer den unterrichtetsten deutschen Geschichtsschreiber jener Dinge genannt hat, muss doch in einer Reihe der wichtigsten Punkte zugestehen, dass er seinen Bericht als Quelle nicht brauchen kann. [4])

Es wird nur einer eingehenden Untersuchung möglich sein, zu zeigen, wie über ein und dasselbe Werk so verschieden geurtheilt werden konnte.

Wir werden daher vor Allem über die grosse Geistesströmung sprechen müssen, unter deren Einfluss das Bellum Suitense abgefasst worden ist, dann werden wir zu handeln haben von der Veranlassung und der Zeit der Entstehung, wir werden uns Rechenschaft geben müssen, welches die Aufgabe war, die Pirckheimer sich bei der Abfassung selbst gestellt hat, und werden zu untersuchen haben, welches die Quellen waren, die ihm vorlagen, und die Art, wie er sie benutzte. Dann erst werden wir in der Lage sein, über das Buch ein gerechtes Urtheil abgeben zu können, dann erst werden wir sicher bestimmen können, welches seine Schwächen und Mängel sind, worin aber auch sein bleibender Werth besteht und in welchen Theilen das Werk auch von der heutigen Geschichtsschreibung noch als Primärquelle darf an-

---

[1]) II, pag. 260.

[2]) Anzeiger für Schweiz. Geschichte, 1870—73, pag. 292.

[3]) *Vetter*, Eine schweiz. Helden-Legende, Jahrbuch für Schw. Gesch., VIII, pag. 211.

[4]) A. a. O., pag. 738, beim Treffen v. Triboldingen, 746, b. d. Schlacht von Frastenz („P's Bericht passt nicht in die Situation"), 788 u. 795 bei d. Friedensunterhandlungen.

gesehen werden. Wundern muss man sich nur, dass diese Arbeit bis jetzt noch nie unternommen worden, nachdem vor Jahrzehnten schon durch *Ranke* a. a. O. die Aufgabe kurz skizzirt worden ist — zumal es bei dem regen Eifer, den man neuerdings der Erforschung jenes Zeitalters entgegengebracht hat, nahe gelegen hätte, einen Mann wie Wilibald Pirckheimer näher ins Auge zu fassen.

b) Das Material zur Biographie Pirckheimer's.

Ehe wir jedoch zum eigentlichen Thema übergehen, möchte es nicht überflüssig sein, ein Kurzes über die Ausgabe von Pirckheimer's Werken und mit Berücksichtigung derjenigen Punkte, die für unsern Zweck besonders in Betracht fallen, einige Worte über sein Leben vorauszuschicken.

Als Hauptquelle für Pirckheimer's Leben wird neben dem, was er selbst geschrieben, sowie neben den zahlreichen Briefen der Humanisten an ihn, die Biographie anzusehen sein, die Joh. Imhof, Pirckheimer's Urenkel, nach dessen eigenen Notizen als Einleitung zu dem 1608 erschienenen „Theatrum virtutis et honoris" zusammengestellt hat, und von welcher der in der Goldast'schen Ausgabe mitgegebene „Commentarius de vita Bilibaldi Pirckheimeri" von Rittershausen laut Münch [1]) und Hagen [2]) nur eine lateinische Ueberarbeitung ist. Diese Imhof-Ritterhausen'sche Biographie ist, was die äussern Lebensverhältnisse betrifft, die Grundlage geblieben für Alle, welche seitdem kürzer oder weitläufiger über Pirckheimer geschrieben haben. [3]) Ein grosses, auf gründlichen

[1]) Vergl. *Ernst Münch*, Bil. Pirckheimer's Schweizerkrieg, nebst Biographie u. krit. Schriftenverzeichniss, Basel, 1826, pag. 4.
[2]) *Karl Hagen*, Deutschlands literarische u. relig. Verhältnisse im Ref.-Zeitalter mit bes. Rücksicht auf Wilibald Pirckheimer I, 1841, pag. 189.
[3]) So für d. betr. Artikel in den 1620 erschienenen Vitae Germanorum Jure consultorum et politicorum Melchior Adam's, so für d. Artikel in der Biographie Universelle, so für Münch, Erhard, Hagen, Thausing u. A.

Studien beruhendes, die ganze Universalität des Mannes in seine Kreise ziehendes Werk über Pirckheimer vom Standpunkt der modernen Wissenschaft aus, verbunden mit einer würdigen Gesammtausgabe seiner Werke, wie sie neuerdings Hutten zu Theil geworden ist, [1]) existirt leider noch immer nicht. Es ist dies umsomehr zu beklagen, als die von Rittershausen vorbereiteten, von Melchior Goldast 1610 herausgegebenen „Opera" [2]) — ganz abgesehen von den Uebersetzungen — lange nicht alle Werke enthalten, und diejenigen, welche sie enthalten, sind in einer solchen Ordnung aufgeführt, dass auch die bescheidensten Anforderungen nicht befriedigt werden. Und doch ist es erst dann, wenn wir eine kritisch gesichtete und geordnete Ausgabe besitzen, möglich, eine des Mannes und der Anforderungen moderner Wissenschaft würdige Biographie zu schreiben, wie sie Hutten durch Strauss, Reuchlin durch Geiger erhalten hat. Denn was *Erhard* im dritten Bande seiner „Geschichte des Wiederaufblühens wissenschaftlicher Bildung in Teutschland" und *Karl Hagen* im ersten Bande seines Werkes über „Deutschlands literarische und religiöse Verhältnisse im Reformations-Zeitalter" über Pirckheimer gebracht haben, kann, so anerkennenswerth die Versuche der beiden Gelehrten auch sind, dennoch in keiner Weise als abschlussgebend betrachtet werden.

Am häufigsten ist von Pirckheimers Werken dasjenige publicirt worden, dem unsere Abhandlung gewidmet ist: Das *„Bellum Suitense sive Helveticum."* Zum ersten Mal erschien es in der *Rittershausen-Goldast'schen Ausgabe* von 1610. Rittershausen hat hierzu noch speciell eine kleine Vorrede geschrieben, [3]) in welcher er uns Aufschluss gibt über den Zustand des Manuscripts: Latuerunt hactenus duo isti libri,

---

[1]) Durch *Böcking*.

[2]) V. illustris Bilibaldi Pirckheimeri Opera primum edita a Melchiore Goldasto. Francoforti 1610. Ueber den Antheil Goldast's an der Ausgabe vergl. die Dedicatoria, pag. 5.

[3]) Op. 63.

partim in archivo Reip. Noricae, partim in literariis bibliothecae
Pirckeimerianae, quorum folia sic erant dispersa, ut folia
Sibyllina jure dici possent. Alterum vero exemplar satis
vitiose mutilateque descriptum erat, cui nec mures alicubi
pepercerant, particulam ejus abrodentes, quam non facile quis-
quam ex conjectura restituisset. Den Grund, warum Pirckheimer nicht selbst das Werk herausgegeben habe, sieht er
darin, dass dieser, ehe er es habe thun können, vom Tod
überrascht worden sei. Und da Pirckheimer keine männlichen
Erben hinterlassen habe, so sei es bis jetzt unbeachtet als
Manuscript liegen geblieben.

Die zweite Ausgabe erschien 1611 in *Marquard Freher's*
Scriptores rer. Germ., Band III.[1])

Die dritte Ausgabe ist diejenige, der von *B. G. Struve*
besorgten 2. Auflage Freher's. Sie erschien 1717 zu Strassburg.

Zum vierten Male gedruckt ward das B. S. im *Thesaurus
Historiae Helveticae*, Zürich, 1735. Der Herausgeber fusst,
wie er in der Einleitung selbst sagt, auf der Ausgabe Rittershausen's in der Goldast'schen Ausgabe der Opera.

Als Specialabdruck aus dem Thesaurus erschien das
Werk zum fünften Mal, Zürich, 1747, in kl. Octav.[2])

Uebersetzt, und mit Biographie und verschiedenen bis dahin noch ungedruckten Documenten Pirckheimer's versehen,
ward das B. S. von *Ernst Münch*, Basel, 1826. Das Buch
Münch's ist wegen seiner Beilagen wichtig. Wer jedoch der
lateinischen Sprache mächtig ist, der wird gut thun, sich
an das Original zu halten, und nicht an diese Uebersetzung.

---

[1]) Wir haben diese Ausgabe nicht selbst gesehen, doch geht
aus d. Vorwort der 2. Auflage hervor, dass Freher das B. S. selbst
edirte, und zwar ebenfalls nach dem Manuscript, welches ihm Joh.
Imhof zur Verfügung stellte. Uebrigens erwähnt auch *Potthast*
diese Ausgabe, cf. Bibl. Hist. med. aevi, pag. 495.

[2]) Weil am handlichsten und wohl auch noch relativ am
leichtesten erhältlich, citiren wir nach dieser Ausgabe u. nicht nach
derjenigen der Opera.

Fünf lateinische Ausgaben sind uns also bekannt; eine nach den Grundsätzen moderner Kritik bearbeitete fehlt uns noch ebenso, wie die Gesammtausgabe. Die Schwierigkeit, eine solche zu veranstalten, dürfte aber mit jedem Tage wachsen, da sich das Manuscript des B. S. sowohl, wie überhaupt der Pirckheimer'sche literarische Nachlass, nicht in staatlichen Archiven befinden, sondern in Privatbesitz sind. Nach dem Tode Pirckheimer's gelangte dessen ganze Bibliothek durch seine Tochter Felicitas an die Familie Imhof. Ein Theil derselben wurde 1638 dem englischen Gesandten Arrundel verkauft, der Rest Mitte des vorigen Jahrhunderts von der Patricierfamilie Haller von Hallerstein ererbt, so dass sich weder im königlichen Kreisarchiv zu Nürnberg, noch im dortigen städtischen Archiv irgend etwas davon vorfindet. [1]) Falls das Manuscript des B. S. bei den nach England gewanderten Sachen wäre, so müssten wir wohl überhaupt darauf verzichten, dasselbe je wieder einmal zu erhalten.

Möchte diese Mittheilung ein Sporn sein, dass diejenigen, welche an Ort und Stelle sind, baldige und gründliche Nachforschung hielten, damit wenigstens gerettet wird, was noch zu retten ist.

c) Kurze Biographie Pirckheimers.

Im Jahre 1470 zu Eichstädt geboren[2]) hatte Pirckheimer das hohe Glück, in einer fein gebildeten Familie aufzuwachsen und herangebildet zu werden durch einen sorglichen Vater, der alles that, um die Bildung seines Sohnes zu einer möglichst umfassenden und vielseitigen zu machen.

[1]) Ich verdanke diese Mittheilungen Herrn Dr. *Heinrich*, kgl. Kreisarchivar, und Herrn *Mumminhoff*, Director des städt. Archivs. Für die liebenswürdige und rasche Bereitwilligkeit, mit der mir dieselben über diese Fragen Auskunft ertheilten, spreche ich ihnen hiemit meinen herzlichen Dank aus.

[2]) Op. pag. 2.

So konnte sich in ihm das Vermögen bilden, die grosse geistige Bewegung, von der damals die Zeit erfüllt war, [1]) und die gerade in Nürnberg eine Stätte trauter Pflege fand, [2]) von früh an mit voller Macht auf sich einwirken zu lassen. Sein Vater — Dr. beider Rechte — scheint nach dem Wenigen, was man von ihm weiss, ein nüchtern bürgerlicher aber höchst ehrenwerther und bildungsempfänglicher Mann gewesen zu sein, der keinen höhern Wunsch kannte, als seinen Sohn dereinst im Rathe seiner Vaterstadt Nürnberg zu sehen; waren doch die Pirckheimer eine altbekannte nürnbergische Patricierfamilie, die schon 200 Jahre vor der Geburt unseres Wilibald im städtichen Rathe vertreten gewesen waren. [3]) Er selbst war nach einander Rath des Bischof's von Eichstädt, Albrecht's von Baiern und Herzog Sigismund's. [4])

Für den jungen Wilibald musste es von grösstem Nutzen sein, dass es sein Vater nicht unterliess, ihn auf seinen häufigen Gesandtschaftsreisen zuweilen mitzunehmen. Von einer dieser Reisen erzählt uns Pirckheimer im B. S. [5]) Sein Vater war in Gesandtschaftsangelegenheiten von Herzog Albrecht nach

---

[1]) Ueber d. Ausbreitung des Humanismus in Deutschland vergl. *G. Voigt*, Wiederbelebung des class. Alterthums, Band II, u. dessen Enea Silvio de Piccolomini u. sein Zeitalter II, pag. 342 ff., sowie *L. Geiger*, Beziehungen zwischen Deutschland u. Italien zur Zeit d. Humanismus in Müller's Ztschrft. für dtsch. Kulturgesch., 1875, pag. 104 ff.

[2]) Ueber das damalige Nürnberg vergl. *Hagen* a. a. O. I, pag. 175, *Thausing*, A. Dürer, pag. 16 ff. u. *Janssen* a. a. O., pag. 114 ff.

[3]) Op. pag. 2.

[4]) Eine Nachwirkung dieses freundschaftl. Verhältnisses erkennt man in d. überaus günstigen Urtheil, welches P. im B. S., pag. 38 über diesen Fürsten gefällt hat; die einzige Stelle, wo er es über sich bringt, dem hoch verehrten Maximilian einen schüchternen Vorwurf zu machen.

[5]) pag. 25.

Luzern gesandt worden,[1]) und da hatte er den jungen Wilibald mitgenommen. Noch in der Jahrzehnte darauf niederge-
schriebenen Erzählung erkennt man, welch' mächtigen Phan-
tasieeindruck auf den Knaben die Dinge gemacht haben
müssen, die er da zu sehen bekam. Befanden sich doch darunter die herrlichen Kostbarkeiten, vor allem der berühmte
grosse Diamant aus der Beute jenes Herzogs Karl, welchen
erst einige Jahre zuvor die Schweizer so ruhmreich besiegt
hatten, und von dessen Plänen und Fahrten noch die ganze
Welt sprach! In welches Jahr diese Reise fällt, lässt sich
nicht genau bestimmen, jedenfalls aber zwischen 1481 und
1487. Das war Wilibald Pirckheimer's erste Bekanntschaft
mit der Schweiz.

[1]) Wir besitzen Op. pag. 42 noch einen Geleitsbrief, der von
Herzog Albrecht für Dr. Joh. Pirkheimer ausgestellt worden ist.
Derselbe ist datirt v. 28. XII 1481, und es heisst darin: Mittimus
in praesentiarum egregium virum Joannem Birckeimer utriusque
juris Doctorem, consiliarium nostrum et fidelem dilectum ad partes
Italiae pro quibusdam causis nobis expediendis. Ob wir nun bei dem
unbestimmten „ad partes Italiae“ annehmen dürfen, dass es auf dieser
Gesandtschaftsreise war, da Wilibald's Vater nach Luzern kam, wird
sich kaum mit Sicherheit entscheiden lassen. Dagegen spräche d. Umstand, dass wir auf keinem Tag zu Luzern i. J. 1482 etwas von
Verhandlungen mit Albrecht v. Baiern wissen. Wir hören von
solchen in d. E. A. erst aus d. J. 1487, doch wird hiebei der
Name P's nicht genannt. Für die Verlegung in d. Anfang der
80er Jahre spräche d. Ausdruck im B. S. „puer adhuc.“ Was den
grossen Diamanten betrifft, so gibt dieser keinen Anhaltspunkt für
d. Datirung, da er nach d. E. A., III, 1, pag. 405, 406, 410, 412
erst u. nach langem Bemühen 1492 verkauft werden konnte. Nun
wäre es aber nach *Joh. v. Müller* (Tübinger Ausg. von 1817, VI,
pag. 152) gar nicht d. grosse Diamant, der damals in Luzern lag.
Der grosse berühmte Diamant wäre nach ihm (pag. 150) an Bartholo-
mäus May, der andere an Diebold Glaser verkauft worden. Allein
Müller irrt sich, aus Eidg., Abschn. III, 1, pag. 412 geht klar
hervor, dass Glaser für May nur d. Geschäft d. Zahlung übernommen
hatte. Der Diamant, den May kaufte, war derjenige, der in Luzern
aufbewahrt wurde. Pirckheimer hat also damals wirklich noch
den berühmten grössten gesehen. Es ist hiernach Müller zu cor-
rigiren.

Als er ungefähr 18 Jahre alt war, übergab ihn sein Vater dem Bischof von Eichstädt, damit er bei diesem höfische Sitten kennen lerne und den Dienst der Waffen, wozu es hier um so bessere Gelegenheit gab, als der Bischof damals gerade in einer Fehde begriffen war. Diese Kriegsschule muss ihm — wie bei einem jungen, kräftigen Manne gar nicht anders zu erwarten ist, sehr gefallen haben; denn als ihm nach Verlauf von zwei Jahren sein Vater die Absicht kund gab, ihn auf eine italienische Hochschule zu schicken, wäre er viel lieber in die Armee Maximilians geeilt, der damals noch in die niederländischen Händel verwickelt war.[1]) Doch fügte er sich den Wünschen seines Vaters und bezog, um nach dem Willen desselben die Rechte zu studiren, zuerst die Universität Padua, wo er drei Jahre blieb. Vier weitere Jahre studirte er dann noch in Pavia.[2]) Vor allem eignete er sich während dieser Zeit — und dies nament-

[1]) Cf. Ulmann 74.

[2]) Wenn man in einigen biographischen Aufsätzen liest, dass er zu Padua und *Pisa* studirt habe, so ist das unrichtig. Rittershausen sagt es ausdrücklich (pag. 4): primo Patavium sedem ac magistram studiorum profectus.... Patavio derelicto Ticinum profectus est" u. er irrt sich nicht. Wir haben nämlich von P's eigener Hand noch zwei Briefe von Padua (Op. 251) u. aus einem andern spätern Brief eine Stelle, die beweist, dass er darauf in Pavia studirte (Op. 242). Er schreibt da nämlich an d. Grafen Hermann von Nenenar: „Vale, Comes generose, et memineris, ut vanas hominum nugas magnanimiter contemnas. Generosis et vere probis Comitibus Thomae et Johanni de Ryneck concanonicis tuis et *olim Ticini condiscipulis meis* fac me commendes." Demnach ist zu berichtigen, was Biographie Universelle, Band 34, pag. 496 schreibt: „Il se rendit à Padoue et ensuite à Pise." Münch a. a. O. kehrt mit fast unverzeihlicher Flüchtigkeit das Verhältniss um (pag. 7): „Nach zwei Jahren sollte er nunmehr d. hohe Schule zu Pavia beziehen ... die Folge war, dass P. eine andere Hochschule u. zwar die zu Padua beziehen musste." Dann hat Herzog in s. Artikel über P. im 11. Bande der Real-Encyclopädie für protest. Theologie (pag. 673) diese beiden Nachrichten zu folg. Satze combinirt: „So kam er nach Pavia ... so musste er Padua (sic) verlassen und in Pisa die Rechte studiren."

lich in Padua, wo ein geborner Grieche lehrte — die griechische Sprache an, und zwar in solchem Grade, dass er wie
wenige damals derselben mächtig wurde. Sonst erfahren wir
über diesen 7jährigen Aufenthalt in Italien leider nur sehr
wenig, und doch muss derselbe auf die Bildung seiner Weltanschauung ganz bedeutend eingewirkt haben. Von Wilibald
haben wir aus dieser Periode nur zwei ganz kurze Briefe,
vom Mai und Juni 1491, welche uns für die Werthung dieses
Aufenthaltes durchaus kein Material bieten. Bedeutungs-
voll scheint uns aber die Mittheilung zu sein, dass er die
Beschäftigung mit der Sprache der Literatur der alten Griechen
mit weit grösserer Neigung betrieb, als sein juristisches Fach-
studium, mit grösserem Eifer auch, als es den Wünschen
seines Vaters entsprach, welcher, wie es scheint, mit auf-
merksamen Augen die Studien seines Sohnes verfolgte. [1]

Wie deutsche Meister im 13. Jahrhundert Italien die Gothik
gebracht hatten,[2] so gab jetzt Italien im 15. Jahrhundert der
deutschen Jugend, die lernbegierig über die Alpen an die
italienischen Hochschulen pilgerte, gleichsam als herrliches
Gegengeschenk die Kunde vom wiedererwachten Alterthum.
Auch Pirckheimer gehörte zu ihnen, die in Italien die mäch-
tige Anregung fanden, der Vergangenheit ihr volles Interesse
entgegen zu bringen. Während er beim Bischof von Eichstädt die Befähigung geholt hatte zu seiner spätern Würde
als Nürnberger Feldhauptmann, legte er hier den Grund, das
was der Feldhauptmann gethan, in pragmatischer, geschlossener
Form und elegantem Latein dereinst der Nachwelt überliefern
zu können.

Doch noch etwas anderes, glaube ich, dem Aufenthalte in
Italien zuschreiben zu dürfen. Wenn, wie wir später sehen

---

[1] Er schrieb seinem Wilibald einen eindringlichen Brief, worin
er ihm gewiss in langer Auseinandersetzung darthat, dass das
Griechische zwar den Menschen ziere, (literas graecas fortassis orna-
mento homini . . .), dass man aber im Staatsdienst nur mit d. Rechts-
wissenschaft zu etwas komme (Op. 4).

[2] Vergl. *J. Burckhardt*, Cicerone⁴ II, pag. 42.

werden, die allgemeinen Anschauungen der deutschen
Humanisten über Geschichte und Geschichtsschreibung keine
anderen sind, als diejenigen, welche schon durch die italienischen Humanisten in Kurs gesetzt worden waren, so unter-
scheiden sich die deutschen geschichteschreibenden Humanisten
von jenen durch das warme und stolze Hochgefühl für
alles was Deutsch ist. Man könnte versucht sein,
diese Erscheinung durch die Lectüre der Alten erklären zu wollen, durch welche in ihnen das Nationalbewusst-
sein geweckt worden sei, [1] aber ein solches Feuer, wie es
flammt in den Schriften eines Celtes, Wimpfeling, Bebel,
Pirckheimer hat sich nicht in stiller Gelehrtenzelle entzündet!
Man hat auch schon, wenn wir nicht irren, auf Kaiser Maximilian aufmerksam gemacht, nach Analogie der Einwirkung,
welche die Thaten Friedrichs des Grossen hervorgebracht
haben. Da müsste man aber doch zuerst die Thaten Maximilians nennen können, welche sich mit denen Friedrich's
vergleichen lassen! Maximilian war den Humanisten günstig
gesinnt, [2] er hat sich für dieselben Gegenstände interessirt,
für die sich auch die Humanisten interessirten, und darum
haben ihm diese Lobsprüche gespendet. Man darf sich
aber hierdurch nicht irre führen lassen. Nein, die
persönliche Reibung mit den auf ihre Nationalität stolzen
Italienern war es, welche die jungen Deutschen dazu führte,
mit Selbstbewusstsein auch auf ihr Land zu weisen. Wie oft
mochte, wenn auch nur im Scherz ausgesprochen, das Wort
„Barbaren" das Ohr junger Deutscher treffen; wie oft mochten
sie die Italiener sich rühmen hören als die Nachkommen der
alten Römer, die einst das Imperium der Welt besessen.
Solche Worte pflegen jedoch bekanntermassen nirgends tiefer
zu haften und mehr Wurzel zu schlagen, als bei jungen

---

[1] War es einmal geweckt, so mochte es allerdings, wie
Roscher (Gesch. der Nat.-Oek., pag. 34) darlegt, an der „glänzend
ausgebildeten Nationalität der bedeutendsten alten Klassiker" genährt
u. gestärkt werden.
[2] Cf. *J. Cuspinian*, De Caesaribus atque imperatoribus Romanis opus insigne, ed. 1561, pag. 603.

Männern, die sich ihrer Kraft und ihres Muthes bewusst
sind und denen das Blut noch rasch und feurig durch die
Adern rollt. Da wird keine Beleidigung vergessen!

Es ist ein ausserordentlich sprechendes Wort, das Pirckheimer einmal entschlüpft: Itali gens in laudes suas effusissima. [1] Das war es in der That, was die Deutschen aufmerksam machte auf ihre Geschichte. [2]

Nach 7 jährigem Aufenthalt in Italien kehrte unser
Wilibald — nunmehr 27 Jahre alt — nach Nürnberg zu
seinem Vater zurück. Es kennzeichnet die feurige Thaten-
lust, die ihn beherrschte, dass er gleich nach seiner Rückkehr in's väterliche Haus am liebsten wieder fort an den
Hof Maximilian's gegangen wäre. Aber auch jetzt wiederum entsagte er seinen Wünschen zu Gunsten derjenigen
seines Vaters, welcher ihn, wie es nach so langer Abwesenheit
nur begreiflich ist, nicht noch länger in der Ferne sehen
wollte. Er blieb in Nürnberg.

Kurz nach einander folgt nun Verehelichung, Aufnahme
in den städtischen Rath und Wahl als Anführer des Contingentes,
welches nur auf dringende Mahnung hin dem Kaiser gegen
die Schweizer zu Hülfe geschickt wurde. [3] Rittershausen
will uns glaublich machen, dass Pirckheimer sich um diese
Ehrenstelle nicht beworben habe, ja dass er nicht einmal
daran gedacht habe. [4] Das Erste wollen wir ihm glauben;
dass aber Pirckheimer, der damals gerade im kräftigsten

[1] B. S., pag. 17.

[2] Es gewährt mir Freude, dass, nachdem ich durch die
Lectüre der deutschen Humanisten selbständig auf diese Anschauung
gekommen war, ich darin bestärkt wurde durch die treffliche Abhandlung: Zur Geschichte des deutschen Humanismus u. der deutschen
Historiographie von Horawitz, Müller's Zeitschrift für deutsche Kulturgesch., IV, pag. 65 ff., wo durch Beispiele diese Annahme bis zur
Evidenz erwiesen ist.

[3] B. S., pag. 62: Quum Nurenbergenses vero nihil praeter
Caesaris oboedientiam in Helvetios armaret.

[4] Op. 7.

Mannesalter stand, nicht willig die Gelegenheit ergriffen haben sollte, das, was er vor 10 Jahren beim Bischof von Eichstädt gelernt, nun auch practisch zu verwerthen; das will uns doch nur schwer in den Sinn.

So zog er denn, es mag Anfangs Mai gewesen sein, mit seinen 400 Mann Fussvolk, 60 Mann Reitern und 6 Büchsen zu den Thoren Nürnberg's hinaus. Der unglückliche Ausgang dieses Krieges ist bekannt. Wir wissen nicht, ob Pirckheimer grosse Hoffnungen gehegt hatte, Ehre und Ruhm zu erwerben, auf jeden Fall bewirkte das klägliche Ende, die jämmerliche Ordnung der kaiserlichen Armee, von der uns eine glücklicherweise erhaltene Missive Pirckheimer's drastische Kunde gibt, das enorme Kriegselend, das er uns in so ergreifenden Farben in seinem B. S. selbst geschildert hat, und nicht zum Mindesten die nie ruhenden Verläumdungen, denen er und seine Nürnberger im eigenen Lager ausgesezt war, dass er später nicht ohne Gram und tiefe Erbitterung an diesen unglücklichsten aller Kriege [1]) zurückdenken konnte, ja dass seine Sympathie in Folge jener Verläumdungen ganz offenkundig den Schweizern zugewendet ist. [2]) Den Gang des Krieges hat Pirckheimer mit seiner kleinen Schaar natürlich nicht zu beeinflussen vermocht; das aber darf gesagt werden, dass der Zug nach Bormio, den er mit einer Abtheilung seiner Mannschaft machte, [3]) sowie die Leiden und Kämpfe im Engadinerzuge, an welchem er Theil nahm, neben der Haltung der geldrischen Landsknechte bei Dornach zum ruhmvollsten gehört, was in diesem Kriege von dem kaiserlichen Heer geleistet worden ist.

[1]) B. S., pag. 3; Op., pag. 51.

[2]) Schon *Ranke* a. a. O. erkannte diese befremdende Parteistellung u. führte sie zurück auf d. Hass Nürnbergs gegen d. schwäb. Städte, was auf jeden Fall auch mitgewirkt hat. Ganz fehl aber geht *Erhard* a. a. O., III, 11, wenn er meint, dies sei geschehen, um d. Vorwurf der Unbilligkeit gegen die feindlichen Schweizer anszuweichen.

[3]) B. S., pag. 66.

Zurückgekehrt aus dem Krieg erhielt Pirckheimer von
seiner Vaterstadt als öffentliche Ehrengabe [1]) eine goldene
Schaale, von Maximilian ward er zum kaiserlichen Rath er-
nannt, ein Beweis, wie sehr er sich durch seine Führung die
Sympathie des Kaisers muss erworben haben. Er war im
Verlauf des Krieges auch oft mit Maximilian zusammen gekommen. Allbekannt ist ja die Geschichte, wie einige Tage
nach der Schlacht bei Dornach Pirckheimer mit Max von Lindau
nach Konstanz fahrend Zeuge sein durfte, [2]) als der Kaiser
einem Schreiber seine Memoiren diktirte. Max frug ihn nachher, wie ihm sein Reiterlatein gefallen habe, und Pirckheimer
war artig genug, die Darstellung zu loben. [3]) Hätte diese
Anekdote jedoch keinen andern Werth, als dass sie bewiese,
welch' gutes Latein Maximilian geschrieben, so dürften wir
sie füglich übergehen. Aber sie wirft ein helles Licht auf
das Verhältniss zwischen Kaiser und Humanisten. Warum
schreibt der Kaiser diese Memoiren? Die Antwort fehlt uns
nicht: Dicebat vero optimus princeps, se percupere paucis
complecti res gestas, ut eruditi qui vellent describere et
historiam parare, ex autographis certa haberent. [4]) Eines
Commentars bedarf diese Fürsorge in der That nicht mehr.
Doch ganz abgesehen von dem Werthe für die Charakteristik
dieses Kaisers, welchen schon im sechsten Jahre seiner Regierung
die Sorge plagte, dass das Bild seiner Thaten so auf die Nachwelt
käme, wie es sich in seinem ruhmliebenden Geiste widerspiegelte,
hat der Vorfall speziell für uns grosse Bedeutung. Mit der

---

[1]) B. S., 102.

[2]) Wenigstens ist anzunehmen, dass es bei dieser Gelegenheit
war, da wir von keiner andern Fahrt wissen, die P. gemeinschaftlich mit Max auf dem Bodensee gemacht hat, von Lindau nach
Constanz.

[3]) Op., pag. 8: „Testatus autem est Pirckeimerus de per-
spicuitate hujus scripti." Nach Janssen a. a. O., pag. 125, hätte P.
sogar einem Freund geschrieben, kein deutscher Gelehrter schreibe
einen so reinen Styl. Ich habe nicht ausfindig machen können,
woher Janssen diese Mittheilung hat.

[4]) Op. 8.

wünschenswerthesten Klarheit enthüllt uns derselbe das ver-
traute Verhältniss, welches sich zwischen Maximilian und
Pirckheimer schon während des Krieges gebildet hatte,[1]) und
welches dann fortdauerte bis zum Tode des Kaisers. Spuren
dieser Freundschaft fehlen nicht. Pirckheimer widmet dem
Kaiser die Uebersetzung von Lucian's „De conscribenda
historia"; [2]) Maximilian andrerseits consultirt seinen gelehrten
Freund wegen der allegorischen Figuren für den Triumph-
wagen, [3]) den ihm Dürer zeichnen musste.

Die nächsten Jahre nach dem Krieg waren für Pirckheimer reich an betrübenden Ereignissen. [4]) Zuerst starb sein
Vater, dann seine Gattin, in dem Augenblicke, da sie hoffte,
ihm den einzigen männlichen Erben schenken zu können. Dazu
kamen politische Unannehmlichkeiten, die ihn veranlassten, eine
Zeit lang aus dem Rathe auszutreten. Lange hielt dies freilich
nicht vor. Schon 1505 finden wir ihn wieder als Mitglied
desselben, und dann harrte er in diesem Amte bis zum Jahre
1522 aus, [5]) wo es ihm bei seinem durch Alter und Podagra
geschwächten Körper nicht mehr möglich war, seine Kräfte
weiterhin den städtischen Angelegenheiten zu widmen. So
lange er aber konnte, so lange hielt er im Amte aus, ein
schönes Beispiel aufopferungsfähigen Bürgersinnes. Seine
Thätigkeit mag eine ziemlich angestrengte gewesen sein,
denn in Folge seines Ansehens und seiner Beredsamkeit
wurde er zu wiederholten Malen als Gesandter der Stadt auf
Reichstage, zu Fürsten und Städten geschickt, [6]) um die Interessen Nürnbergs zu wahren. Und wenn er während dieser

---

[1]) Ein Punkt, den wir bei der Abfassungsfrage des B. S. berücksichtigen werden.

[2]) Op. 51: Das von Jak. v. Bannisis ausgestellte Dank-
schreiben Maximilian's, datirt vom 12. Mai 1515 findet sich pag. 52.

[3]) Maximilian's Dank- u. Anerkennungschreiben, vom 29. März
1518, Op., pag. 172.

[4]) Op., pag. 13 u. 16.

[5]) Cf. Erhard, a. a. O., III, pag. 17.

[6]) Op., pag. 18.

Zeit die humanistischen Studien auch nie ganz ruhen liess, [1]) ja wenn er selbst auf seinen Gesandtschaftsreisen mit offenem Sinn und Auge betrachtete, was seine vielseitig gebildete Natur fesseln konnte, und dann darüber mit seinen Freunden correspondirte, [2]) so darf man nichtsdestoweniger annehmen, dass ihm eine andauernde Beschäftigung mit der Wissenschaft durch seine Amtsgeschäfte unmöglich gemacht war, zumal da er in Nürnberg selbst seine Feinde hatte, die ihm der Widerwärtigkeiten genug bereiteten. [3]) Mit dieser Annahme stimmt dann auch die Thatsache, dass die lange Reihe von Uebersetzungen und Abhandlungen erst um das Jahr 1515 herum beginnt.

Die letzte seiner Gesandtschaftsreisen ging in die schweizerische Eidgenossenschaft, sie fällt in das Jahr 1519. [4]) Wichtiger als der politische Zweck dieser Mission ist für uns der Umstand, dass wir nothwendigerweise annehmen müssen, es sei auf dieser Reise gewesen, als Pirckheimer auch die Schlachtfelder von Granson und Murten betrat, [5]) und auf-

---

[1]) Vergl. den Brief des Cocleus an P. v. J. 1511, Op. 327.

[2]) Vergl. d. Brief an Reuchlin, Op. 213, wo er ihm über die 1512 zu Trier gesehenen Alterthümer schreibt.

[3]) Vergl. B. P's Ehrenhandel mit s. Verläumdern u. Feinden, abgedr. in Münch a. a. O., pag. 207 ff.

[4]) Auch diese Nachricht verdanke ich der gütigen Mittheilung des Herrn Archivar Dr. *Heinrich*. Derselbe schreibt mir, dass P. gemeinschaftlich mit Martin Tucher im Mai und Juni 1519 eine Botschaft nach Zürich ausrichtete.

Worin diese Botschaft bestanden, erfahren wir aus Eidg., Abschn. III, 2, pag. 1168 (Zürich, 3. Juni): „Die Stadt Nürnberg hat durch Botschaft angebracht, d. Markgraf Casimir v. Brandenburg habe nahe bei ihr einen neuen Zoll aufgesetzt gegen ihre Freiheit u. ihr Herkommen u. ohne auf ihr Rechtbieten auf Churfürsten u. Stände d. Reichs od. auf Gem. Eidgenossen zu achten. Die Stadt müsse fürchten, so gänzlich unterdrückt zu werden. Sie bitte daher, wir möchten sie für empfohlen halten.

[5]) B. S., 31: „Ego quidem cum aliquando ad pugnae locum accessissem." Wäre das damals gewesen, als er mit s. Vater in Luzern war, so würde er nicht unterlassen haben, an diesen kurz

notirte, was er an Ort und Stelle über diese Schlachten erzählen hörte. Was er da erfahren hat, das hat er dann der
Darstellung der Burgunderkriege im 1. Band des B. S. einverleibt. Diese Nachrichten sind von neueren Geschichtsschreibern — und mit vollem Recht — nie als Quelle benutzt worden, für die Beurtheilung Pirckheimer's als Geschichtsschreiber werden sie uns aber wichtige Aufschlüsse ertheilen.

Ueber dem Amt und den Acten vergass Pirckheimer
nicht, mit lebendigem Interesse die bedeutungsvollen Vorgänge seiner Zeit zu verfolgen. Es kann hier nicht unsere
Aufgabe sein, zu erzählen, wie er in dem Reuchlinischen
Handel rückhaltlos für diesen Gelehrten Partei ergriff,[1] wie
er bei der beginnenden Reformationsbewegung sich ebenfalls der
neuen Lehre zuwandte, ja wie ihm sogar in Folge einer derben
Verhöhnung des bekannten Dr. Eck die Ehre zu Theil ward,
dass sein Name zugleich mit dem Martin Luther's auf der
Bannbulle von 1520 stand. Ausgerüstet mit einem umfassenden Wissen, beanlagt mit einem tiefen Gemüth, musste
Pirckheimer wie alle kräftigen Naturen einen ausgebildeten
Sinn für den Witz und das Komische haben. Es darf uns
daher nicht wundern, dass der Verfasser der Apologia Podagrae
auch einen „Eccius dedolatus“ geschrieben hat, „einen satiri-
schen Dialog, in dem gebildeten Latein der Humanisten ge-

---

zuvor erwähnten Aufenthalt mit einem bestimmten tum oder eodem tempore zu erinnern, statt ein ganz unbestimmtes vages „aliquando“
zu setzen.

[1] Vergl. L. Geiger, Reuchlin, 1871, pag. 309 u. passim;
sodann die Briefe, die sich auf den bez. Streit beziehen, z. B. Op. 24,
ein Brief an Hutten, der mit d. begeisterten Worten anhebt: „Salve,
Reuchlinista optime. Cur enim non optimus cum Reuchlinista...“
Ferner den Brief an einen unbekannten Freund, Op. 401 (datirt v.
1. Dez. 1516), bes. aber s. Vorrede zu d. Uebersetzung v. Lucian's
Piscator, welche geradezu eine Apologie Reuchlin's ist. Hagen,
pag. 452 u. 453, glaubt sogar annehmen zu dürfen, dass P. ein
Mitarbeiter der Epistolae vir. obscur. sei.

schrieben, . . . und doch ganz in der derben und phantasti-
schen Art deutscher Schwänke jener Zeit gedacht." [1])

Wir glauben, diese Ereignisse nur berühren zu dürfen,
da der Geschichtsschreiber Pirckheimer nichts mit denselben
zu thun hat, und es sich bei unserer kurzen biographischen
Skizze nur darum handeln kann, diejenigen Punkte näher zu
besprechen, welche uns den Schlüssel zum bessern Verständniss der in den historischen Schriften niedergelegten Anschauungen geben. Und wenn es sich hierum handelt, so
dürfte nicht in letzter Linie Pirckheimer's Portrait in Betracht kommen. Hätten wir auch nicht so genaue Kunde
über seinen Charakter und seine Lebensverhältnisse, so liesse
sich einzig aus diesem Gesicht viel herauslesen. Das Bild
hat Pirckheimer's innigst geliebter Dürer, [2]) im Jahre 1524

---

[1]) *Strauss*, Ulrich von Hutten, 1858, II, pag. 346. Bei der
Stellung, die P. in Nürnberg einnahm, mochte ihm d. Geschichte
mit der Bannbulle viel Unannehmlichkeiten bereiten. Er verfasste
daher an Leo X. eine Appellation (Op. 199), worin er sich als durch
u. durch getreuen Sohn d. röm. Kirche hinstellt u. d. ganze Schuld
den „sinistris machinationibus" Eck's aufbürdet. Dass diese Entschuldigung wirklich nur einen formellen Character trug, beweist
der an Papst Hadrian gerichtete Brief P's: De motibus in Germania
per Dominicanos et horum complices excitatis et de occasione
Lutheranismi (Op. 372—374), in welchem P. mit einer Entschiedenheit, wie man sie nicht offener wünschen könnte, gegen die Domini-
caner auftritt, denen er, mit deutlicher Anspielung auf den Jetzer-
handel in Bern die ganze Schuld an der grossen Bewegung beimisst
(Constat igitur dolos, Sycophantias, ac omnes malas artes Frater-
culorum illorum, qui Dominicastri vocantur, tam horrendas con-
citasse Tragoedias). Dazu sind die Worte zu vergleichen, die er
später — nach 1528 — an s. Freund Tscherte schrieb (Münch,
pag. 49): „Ich bekenn, dass ich anfänglich auch gut Lutherisch
gewesen bin, wie auch unser Albrecht (Dürer) seliger. Dann wir
hofften, die Römisch Buberei, dessgleich der Münch und Pfaffen
Schalkheit sollt gebessert werden . . ."
Vergl. übrigens über P's religiöse Stellung Strauss, Hutten,
II, pag. 348 ff. u. Herzog's citirten Aufsatz in dessen Real-Encyclopädie.
[2]) Die Freundschaft zwischen dem gelehrten Patrizier u. dem
berühmten Maler, dem „Apelles Germaniae", wie er immer genannt

gezeichnet, also kurze Zeit, nachdem Pirckheimer sich von
den Amtsgeschäften frei gemacht hatte.

Es ist ein mächtiger massiver Kopf, nicht gar unähnlich
dem Luther's; etwas mähnenartig hängen die damals wohl schon
gebleichten lockigen Haare über Stirn, Wangen und Nacken
herab. Tief gefurcht ist die Stirn, scharf hervortretend die
sinnenden Augen. Das behäbige Doppelkinn zeigt, wie der reiche
Pelzmantel, den er um die Schultern geschlagen, dass der
Mann nicht um das tägliche Brot zu kämpfen hat. Ein un-
beschreiblicher Zug von Gutmüthigkeit ist über das Ganze
ausgebreitet und gibt so recht den Grundton an für die
Physiognomie. Allein dicht daneben liegt auch ein Zug hohen
Selbstbewusstseins und leiser Gereiztheit. Der Mann weiss
was er gilt. Wehe über den Unglücklichen, der ihn zu reizen,
zu erbittern wagt! Dann wird es um die Mundwinkel herum
zucken und wetterleuchten, zu der tiefen Furche auf der
Stirn werden sich noch andere gesellen und in rückhaltlosem
Zorne wird sich das Ungewitter über den Armen entladen.
Treue Freundschaft, treue Feindschaft steht auf dieser Physiognomie in leserlichen Zügen geschrieben. Trotz des vorgerückten Alters, in welchem Pirckheimer hier vor uns steht,
schaut uns aus allem ein Mann der That entgegen. Gestehen
wir es offen, hätten wir nur dies Portrait, [1]) wüssten wir von
ihm sonst nichts, den Gelehrten, den Mann der objectiven
kühlen Betrachtung würden wir aus diesem Gesicht nie herauslesen!

Welch' ein Gegensatz zu Erasmus, den wir uns schon
seinem Portrait nach gar nicht anders denken könnten als
den ferne stehenden „idealen Zuschauer", der von hoher
Warte herab ironisch lächelnd, reflectirend auf die Thorheiten

---

wird, ist von einer solchen Innigkeit, dass es sich schon aus diesem
Grunde lohnte, P. unsere Theilnahme zu schenken. Hätte Holbein
in Basel solch' einen Freund gefunden, er wäre wohl nicht nach England
gegangen. Das Porträt P's findet sich u. a. in d. Goldast'schen Ausgabe u. in Thausing's „Dürer".

[1]) Aus B. S., 82 erfahren wir, dass P. von grosser Statur war.

der Menschen herabsieht; und der sich lange besinnt, bevor er einmal herabsteigt und mit Theil nimmt an dem Kampf der Tagesmeinungen, den Emotionen, die derselbe mit sich bringt.

Ueber 20 Jahre war Pirckheimer an der Spitze seiner Vaterstadt gestanden, sein ganzes Leben war mit dem Schicksal derselben auf's engste verflochten. Wer wollte sich da wundern, dass in dem städtischen Patricier ein Hochgefühl für das Leben und die Wohlfahrt der Städte sich bildete, welches uns geradezu berechtigt, ihn als die Verkörperung des damaligen deutschen städtischen Bürgerthums anzusehen. Zwei Stellen sind es vorzüglich, in denen sich diese Gesinnung auf's unzweideutigste ausspricht, die eine in einem Briefe an Battista Egnazio, [1]) in welchem er dem Freund auf dessen Wunsch eine kurze historische Uebersicht gibt über die deutschen Städterepubliken und deren theilweisen Verfall; die andere im B. S. Jene handelt über Bischöfe, diese über den Adel, also über diejenigen beiden Mächte, in denen das erstarkende Bürgerthum von damals noch gefährliche Feinde erkennen konnte. Im Kampf gegen bischöfliche Gewalt hatte sich ein grosser Theil der deutschen Städte ihre Freiheit errungen. Das mochte den damaligen Geschlechtern noch in lebendiger Erinnerung stehen. Und was den Adel betraf, so muss man nur einen Blick in die damaligen Chroniken werfen, um sich zu überzeugen, wie es von Klagen wegen niedergeworfener und beraubter Kaufleute überströmt. [2]) Wohl hat durch Goethe's Götz v. Berlichingen für unsere Augen, das damalige Fehdewesen eine poetische Verklärung gefunden; dass aber die Zeitgenossen, die darunter auf's furchtbarste zu leiden hatten, für diese Art Romantik nicht viel Sinn hatten, darüber dürfen wir mit ihnen nicht rechten.

---

[1]) Op. 201.

[2]) Was spec. Nürnbergs Bitten an d. Eidgenossen für Sicherung der Landstrassen betr., so vergl. E. A., III, 1, 360, 380 und 602.

Pirckheimer fühlte in sich, diesen beiden Klassen gegenüber. den vollen Stolz eines gesicherten städtischen Gemein-
wesens. Was er — nicht ohne leidenschaftliche Erbitterung
— hierüber ausgesprochen hat, das darf man als allgemein
geltende Anschauung in reichsstädtischen Kreisen betrachten,
und das ist es, was diesen Worten einen so unvergesslichen
Werth leiht. Es ist ein historisches Zeugniss allerhöchsten
Ranges, und verdient daher wohl, dass wir es in voller Un-
geschwächtheit, wörtlich hier wiedergeben:

Fuit olim Germania plurimis ac potentibus ornata Re-
publicis. Sed ut sunt res humanae, major illarum pars
pessundata est cum Tyrannorum violentia, tum regiminis per-
versitate. Praecipue vero illas afflixit Episcoporum insolentia
ac avaritia, non secus ac flamma quaedam cuncta hauriens.
Cum enim Imperatores prisci, Principum consilio vere per-
nicioso, jus quod ipsi in civitatibus habebant Imperialibus,
Episcopis concessissent, illi haud segniter tanto munere usi
sunt, sed cum primum plebem contra optimates instigassent,
brevi eos ubique ejecere, ac inde stulto oppresso populo,
omnia suae ditioni subjecere. Sic periit antiquissima illa
Treveris, sic potens Moguntia, sic aurea Colonia: vixque ex
tanta multitudine una aut altera civitas Episcopalis tam saevam
calamitatem evadere potuit; *Jamque Episcopi civitates illas
obtinent opibus exhaustas, ac ita cultoribus oppressis, ut Tur-
carum jugum longe videatur esse levius.*

Dann kommt er auf Basel zu sprechen, er erwähnt diese
Stadt rühmend, weil sie sich eine solche Unterjochung nicht
gefallen liess: jamque Episcopali jugo rejecto, sub Helvetiorum umbra pristinas vires resumere incipit. Denkwürdige
Worte, die da ein deutscher Patricier des 16. Jahrhunderts
spricht!

Nicht viel weniger vernichtend ist das Urtheil, das er
über jene erlauchten Strauchritter fällt, die er näher kennen
zu lernen im Krieg von 1499 Gelegenheit gehabt hatte.
Verum Nobiles illi, so schreibt er im B. S. [1]) über sie, non

---

[1]) pag. 57.

tam audaces erant ad resistendum hosti armato, quam apti
ad exercenda latrocinia, et depraedationes viatorum. Und in
bewusstem Spotte fährt er fort: Nam quaestum illum a majoribus acceptum strenue exercebant, existimantes non parvum
fortitudinis ac nobilitatis esse indicium, si furum instar raptu,
et ex aliorum viverent miseriis. Multa igitur male parta,
male quoque periere: ac decem millia aureorum in unico
castro Hoburg sunt reperta, quae Dominus illius ex multorum
hominum congregarat spoliis. Quicquid enim undique rapie-
batur, ad Hegeuenses tanquam asylum latronum ac furum de-
ferebatur. Und Pirckheimer steht mit diesem Urtheil nicht
allein; sind es doch beinahe die gleichen Worte, wenn Pirckheimer's älterer Zeitgenosse, Kaplan Knebel [1]) von Basel,
voller Entrüstung in sein Diarium schreibt: „Alsacia et
Swevia est spelunca latronum, ut cum homines veniant de
Thurcia et ab omni parte mundi salvi, hic spoliantur et
capiuntur... maledicta gens, que alienis spoliis cupiunt di-
vites fieri.“

Wir glaubten, diese Worte nicht übergehen zu dürfen.
Ist es doch einer der angesehensten Vertreter deutscher
Städte, der sie ausspricht. Sie lassen uns einen tiefen Blick
in die damaligen Verhältnisse thun, laut verkünden sie uns
das Selbstbewusstsein dieser Reichsstädte. Sie lassen uns
aber auch erkennen, in welchem Grade der, welcher sie ausgesprochen, sich seiner Stellung als Bürger einer solchen
Stadt bewusst war!

Und was das Erhebende an dem Character dieses Mannes
ist, sein Patriotismus reichte über die Mauern Nürnbergs
weit hinaus; über dem städtischen Patricier vergass er nicht,
dass er ein Deutscher war. Höher als die Interessen seiner
Vaterstadt gingen ihm die des deutschen Gesammtlandes,
welches verkörpert erschien in der Person des Kaisers. Er

---

[1]) Basler Chroniken ed. *W. Vischer* u. *H. Boos*, II: Diarium
Joh. Knebel, pag. 394.

mochte wohl wissen, dass wenn ein jeder Theil seine egoistische
Sonderinteressenpolitik trieb, dasjenige Gut drohte verloren
zu gehen, durch welches ein Volk überhaupt seine Existenz-
berechtigung documentirt: die nationale Cultur. Nur so
können wir uns das bittere Urtheil erklären, welches er
über die Hansastädte fällt[1]): Ex quibus etsi hodie plerique
polleant maritimis praecipue viribus, privatis tamen potius
quam publicis praestant opibus. Unusquisque enim rei suae
studet; communiter vero omnes bona publica depeculantur,
ac ideo assiduis fluctuant seditionibus, Genuensium instar . . .
Confoederatae enim sunt septuaginta numero. Verum omnes
eodem morbo laborant. Caesari non cuncti parent, sed ab-
jecto jugo libertate male parta pejus abutuntur, ac ideo re-
belles censentur . . . Dann fährt er fort: Solae igitur Germaniae superioris Civitates quaedam recte et fideliter publica
gerunt, ac ideo potentiores inferioribus, quamvis longe a maris
absint usu. Welches sind nun die Städte, in welchen Pirckheimer sein reichsstädtisches Ideal verwirklicht sieht? Augsburg, Ulm, Frankfurt a. M., Nürnberg, Strassburg und Metz.
Wo es sich also um Förderung und Mehrung der Reichs-
macht handelt, da vergisst Pirckheimer den alten Stammes-
hass[2]) zwischen Franken und Schwaben und stellt neidlos
die beiden schwäbischen Städte Augsburg und Ulm an die
Spitze der deutschen Städterepubliken! Es ist eine Gross-
artigkeit der Gesinnung, für welche allein ihm schon ein
Ehrenplatz in der deutschen Geschichte gebührt.

---

[1]) pag. 202 in d. oben erwähnten Brief an Egnazio. Dieses
so überaus wichtige Schreiben trägt leider kein Datum. Doch weil
P. von einem „nepos" spricht, den Egnazio freundlich aufgenommen
habe (es bezieht sich wahrscheinlich auf einen seiner beiden Neffen),
kann d. Brief nicht wohl vor d. Zwanzigerjahre fallen, u. da Hutten
noch als lebend genannt wird, so wird man nicht so sehr fehl
gehen, wenn man ihn in das Jahr 1521 od. 1522 versetzt.

[2]) über welchen er sonst keineswegs erhaben ist! Man vergl.
namentlich seine Ausfälle gegen die Ulmer in B. S., II.

Die Gesandtschaft in die Eidgenossenschaft war Pirckheimer's letzte grössere Reise gewesen, die er in amtlicher
Stellung unternahm. [1]) Zwar bekleidete er noch einige Jahre
das Amt eines Rathsherren, die praktische Bethätigung mag
aber mit der erwähnten Legation so ziemlich ihr Ende gefunden
haben. Wird uns doch erzählt, [2]) dass er in den letzten Jahren,
als sein Körper durch Krankheit auf alle Weise geschwächt
war, nicht einmal mehr in das Rathhaus gehen konnte, so
dass ihn die Besten der Stadt in seinem eigenen Hause auf-
suchen mussten, und die Rathsversammlung gleichsam in
diesem stattfand. Namentlich plagte ihn das Podagra. Um
diesen bösen Gast, der ohne zu fragen sich bei ihm ein-
quartirt hatte, zu besänftigen, schrieb er 1521 die Apologie
Podagrae, [3]) in welcher er in launiger Weise zum bösen Spiel
eine gute Miene zu machen sucht.

Die eingehendere Beschäftigung mit der griechischen
Literatur hatte, wie wir gesehen, schon um das Jahr 1515
herum begonnen; jetzt mussten dem in seine vier Wände
Gebannten die Alten doppelt willkommene Freunde sein.
Wäre Pirckheimer bis an seine letzten Tage in voller Rüstig-
keit geblieben, wer weiss, ob er der Vergangenheit, der stillen
Thätigkeit der Gelehrten, der sich liebevoll in die Werke
anderer Menschen und Zeiten versenken muss, jene Theilnahme entgegengebracht hätte, die ihm für immer einen Ehrenplatz unter den Humanisten Deutschlands sichert. Aber ein
erhebendes Schauspiel bleibt es doch, wie der berühmte
Patrizier, Krieger und Staatsmann zugleich im Stande ist,
das ganze letzte Jahrzehnt seines Lebens in schönster idealer

---

[1]) Siehe Op. 18.

[2]) in einem Brief des Erasmus an Herzog Georg v. Sachsen,
v. J. 1531, Op., pag. 43.

[3]) Op., pag. 204 ff. Ob Goldast sie aus diesem Grund unter
die Politica eingereiht .... wir trauen ihm nicht einmal so viel
Humor zu.

Sinnesweise mit theilzunehmen an dem allgemeinen Auf-
schwung der Geister, der damals in deutschen Landen herrschte.
Erinnern wir uns doch, dass es Pirckheimer ist, an welchen
Hutten die bekannten feurigen Worte richtet: „O Jahrhundert,
o Wissenschaften. Es ist eine Freude zu leben . . . Es
blühen die Studien, die Geister regen sich." [1]

Der Geschichtsschreiber der classischen Philologie wird
es aussprechen müssen, was diese Wissenschaft Pirckheimer
zu verdanken hat, dadurch, dass er seinen Zeitgenossen Werke
Xenophon's, Platon's, Plutarch's, Theophrast's, Luzian's und
des Ptolomäus vermittelst seiner lateinischen Uebersetzungen
zugänglich machte, und wie er durch diese Arbeiten wiederum
anregend auf andere einwirkte. Ewig denkwürdig wird es
dabei auch bleiben, dass Pirckheimer als einer der ersten
die classische Welt auch den Nicht-Humanisten erschliessen
will: Aus Isokrates, Plutarch, Sallust, Nilus Damascenus und
Cicero hat er Stellen ins Deutsche übertragen! [2] Die Kirchen-
geschichte wird seine Verdienste werthen müssen, die er
durch die Uebersetzung des Gregor von Nazianz erworben." [3]
An der Erforschung des deutschen Alterthums sehen wir ihn
theilnehmen durch seine „Germaniae ex variis scriptoribus
perbrevis explicatio". [4] Den Numismatiker wird sein Versuch
interessiren, die antiken Münzen auf den Münzfuss des Nürnberger Geldes zurückzuführen, [5] um so zu einer anschaulichen

---

[1]) Strauss, Hutten, 1, pag. 329.

[2]) Es ist das ebenfalls lang nach s. Tode herausgegebene, oben
citirte Theatrum Virtutis et Honoris, cf. Op. 16.

[3]) Erasmus in d. citirten Brief an Georg v. Sachsen sagt hierüber (Op. 44): „Me certe a vertendo Gregorio semper deterruit
dictionis argutia, et rerum sublimitas, et adlusiones subobscurae. Eam
provinciam eximio quodam pietatis ardore sibi sumpsit Bilibaldus
noster, cui et immortuus est."   •

[4]) Op., pag. 94 ff.

[5]) Nach P's Tod v. Ruttelius herausgegeben, abgedr. Op. 223.

Schätzung der in den Klassikern angegebenen Werthangaben
zu kommen. Die Archäologie muss seiner gedenken, als
eines der Ersten, welche durch ihre Mittheilungen über
römische Alterthümer auf deutschem Boden, das Interesse
für diese Studien in Deutschland weckten. [1]

Dem Historiker aber hat diese fruchtbare Lebensperiode
Pirckheimer's das Bellum Suitense geschenkt.

Und neben all dem her läuft eine Korrespondenz, die
uns die geistige Regsamkeit und Universalität dieses Mannes
nur noch grösser und wunderbarer erscheinen lässt: Für alles
interessirt er sich, an allem nimmt er theil. [2] Man kennt
den Werth, den die Korrespondenzen jener Tage besitzen. [3]
Es sind nicht einfache private Mittheilungen von rein per-
sönlichem Interesse. In jener Zeit, die noch keine fach-
wissenschaftlichen Organe kannte, wurde alles in den Briefen
niedergelegt, hier kritisirt man erschienene Werke, kündigt
die eigenen neuerscheinenden an oder verwandelt den Brief
auch geradezu selbst in eine wissenschaftliche Abhandlung; [4]
hier muntert man auf, ertheilt Lobsprüche — kurz, um es
mit Einem Worte zu sagen, es sind die wissenschaftlichen
Fachzeitschriften mit sammt den „Kleinern Schriften" der
damaligen Gelehrten — eine unschätzbare Quelle für die

---

[1] Namentlich durch s. Interesse an d. Trierer Alterthümern
u. an d. ber. Grabdenkmal der Secundiner bei Igel, von dem P.
eine Zeichnung hatte. Ruttelius bittet einmal eine Copie davon
nehmen zu dürfen (Op. 318). In der Goldast'schen Ausgabe befindet sich ein Stich von dem Denkmal, der aber für wissenschaftliche Betrachtung ganz ohne Werth ist.

[2] In kurzen Zügen ganz prächtig geschildert ist diese Seite
P's in Strauss, a. a. O., I, 321.

[3] Vergl. *Voigt*, Enea Silvio, II, pag. 277 u. *Jak. Burckhardt*, Cultur der Renaissance[3], pag. 274.

[4] Vergl. z. B. d. Brief Cuspinian's an P., Op., pag. 252
od. den schon vielgenannten Brief P's an Egnatius.

Kenntniss dessen, was da in mächtigen oder leisen Schlägen in diesen Kreisen pulsirte. Der zwanglose Ton, das Einschieben kleiner persönlicher Erlebnisse, das behagliche Sichgehenlassen, die subjective Färbung, das alles erhöht nicht wenig den Reiz dieser wichtigen Urkunden. Abgesehen von den unzähligen Notizen über die Lebensverhältnisse berühmter Männer, bietet diese Briefsammlung für die Kenntniss der Anschauung jener Zeit ein Material, das bei jedesmaliger Lectüre nur immer neue Ausbeute gewähren muss. Was würden wir darum geben, wenn wir aus jedem Jahrhundert Documente besässen, welche uns so in der Werkstätte des Denkens und Fühlens schauen liessen!

Welche Bedeutung für die Biographie Pirckheimer's, der mit allen, die in Deutschland sich mit Wissenschaft befassten, in Briefwechsel stand, diese Correspondenz hat, liegt auf der Hand. Wer ist es denn aber nun, mit dem Pirckheimer correspondirt, an wen er schreibt, von wem er Briefe empfängt? Das ganze gelehrte Deutschland seiner Zeit: Reuchlin und Erasmus an der Spitze, dann Celtes, Hutten, Cuspinian, Melanchthon, Oekolampad, Beatus Rhenanus, Ulrich Zasius, Eoban Hesse, Glarean, Mosellanus, Adelmann von Adelmannsfelden, Hermann von Neuenar, Jakob von Bannisis, Thomas Venatorius, Varenbüler, Ruttelius. Dazu kommen Briefe von Dürer, als dieser in Italien weilte, Briefe an Wilibald's Schwester, die berühmte Charitas Pirckheimer, Aebtissin des Clarissinnenklosters in Nürnberg, Briefe an Battista Egnazio, und an den Grafen Pico von Mirandula. Sein Ruf als Kenner der Alten, sein Eifer für alles, was mit idealen Bestrebungen zusammenhing, sein Ansehen als Patrizier des berühmten Nürnberg und als kaiserlicher Rath, seine reiche Bibliothek, das alles wirkte zusammen, seine Stellung unter den damaligen Gelehrten — um die treffende Vergleichung Janssen's zu wiederholen — zu der eines Fürsten inmitten seiner Getreuen zu machen.

Hat Pirckheimer die erste Hälfte seines Mannesalters der Vaterstadt gewidmet, so ist der Humanismus voll und ganz berechtigt, die zweite Hälfte für sich in Anspruch zu nehmen. Pirckheimer's Wirken für diesen fällt ganz in diese letzten Jahre.

Die allerletzte Lebenszeit war leider für ihn reich an schweren Schlägen und Kümmernissen. 1528 starb ihm sein treuer Dürer, mit dem er das ganze Leben hindurch in innigster Freundschaft gelebt hatte. [1]) Mit Oekolampad wurde er in einen unerquicklichen Streit über die Abendmahlslehre verwickelt. Der Gang der Reformation entsprach in keiner Weise seinen Erwartungen. [2]) Ueber das Kloster seiner Schwester brachen die enghcrzigsten Verfolgungen herein, [3]) so dass er sich erbittert von der Reformation mehr und mehr wieder wegwandte.

Wir dürfen es, im Hinblick auf den weitern Gang der politisch-religiösen Verhältnisse als ein hohes Glück preisen, dass dem grossen Mann, der von den Ideen Vaterland, Religion und Wissenschaft wie wenig andere erfüllt war, vom

---

[1]) Man muss d. Brief lesen, den er über Dürer's Tod geschrieben hat (Op. 399), um zu fühlen, wie tief er durch diesen Todesfall erschüttert war.

[2]) Vergl. d. Brief an Tscherste, welcher 1529 od. 1530 geschrieben sein muss, da P. in demselben die Marburger Disputation erwähnt. Derselbe ist nicht nur für d. Kenntniss v. P's Anschauung höchst wichtig, sondern er bildet auch ein sehr nachdenkliches Document für d. Gesch. d. Reformation. An jener Stelle (Münch, pag. 49), wo er gesteht, früher gut lutherisch gewesen zu sein, in d. Hoffnung, dass jetzt „der Pfaffen Schalkheit" gebessert werden sollte, fährt er fort: „Aber so man zusieht, hat sich die Sach also geärgert, dass die Evangelischen Buben jene fromm machen." Und pag. 53: „Die Papisten sind doch zu dem mindesten unter ihnen selbes eins; so sind die so sich Evangelisch nennen, mit dem höchsten unter einander uneins und in Sekt zutheilt, die mussten ihren Lauf haben, wie die schwärmenden Bauern, bis sie zuletzt gar verwütheten."

[1]) Vergl. den tiefergreifenden Brief P's an Melanchthon, Op. 375, sowie die Oratio apologetica, monialium nomine scripta, Op. 375 ff.

Schicksal nicht vergönnt war, noch lange zu leben. Er starb,
zwei Jahre nach dem Tode Dürer's, am 22. Dez. 1530. Seine
letzten Worte waren, wie uns Erasmus ¹) mittheilt: Utinam
post decessum meum bene sit patriae, utinam tranquilla sit
Ecclesia.

---

¹) A. a. O., Op. 43. Von P's letzten Tagen sagt er: „Corpus
modo languebat, animi vigor ad extremum usque halitum erat
integer."

In seiner kühlen Weise fügt Erasmus noch bei: „Qui talis viri
mortem putant deplorandam, quid aliud quam lamentantur eum fuisse
natum hominem? Justius fortasse defleret aliquis publicam studiorum
jacturam, quod festina mors obstitit, quo minus ad plenum absoluerit
duo praeclara facinora, quae jam dudum moliebatur."

Zweiter Abschnitt.

W. Pirckheimer als humanistischer Geschichtschreiber.

Unter den Werken Pirckheimer's nehmen die *historischen* keinen grossen Raum ein. Es ist einzig das Bellum Suitense, welches ernstlich in Betracht kommt; daneben werden wir freilich auch noch einiges Andere kurz besprechen müssen, das zur Charakterisirung seiner Stellung als Geschichtsschreiber dienen kann: den mehrfach citirten Brief an B. Egnatius über die deutschen Städte, das kleine Fragment über Trier, [1]) vor allem aber die 1530 erschienene Germaniae ex variis scriptoribus perbrevis explicatio. Die Betrachtung dieser letztern Schriften wird dem, was wir aus dem B. S. erfahren, ergänzend, vervollständigend zur Seite stehen. In manchen Punkten, wo uns das B. S. ganz im Stiche lässt, wird uns der nöthige Aufschluss durch jene zu Theil werden; aber die Untersuchung kann nur an der Hand des Hauptwerkes gehen.

Das Bellum Suitense behandelt den Krieg, den die Schweizer Schwabenkrieg, ihre Gegner Schweizerkrieg nennen. Es ist der Krieg, der geführt wurde vom Februar bis zum September 1499 zwischen den Eidgenossen und Graubündnern einerseits, dem deutschen Reiche andrerseits, der Krieg, durch welchen factisch das erreicht wurde, was dann nominell

[1]) Op., pag. 93.

im westphälischen Frieden ausgesprochen wurde: die Unabhängigkeit der schweizerischen Eidgenossenschaft vom deutschen Reich.

Um zu zeigen, wie es möglich war, dass die kleine
Eidgenossenschaft Kaiser und Reich siegreich widerstehen
konnte, schickt Pirckheimer der eigentlichen Besprechung des
Krieges eine kurze Vorgeschichte der Eidgenossenschaft voraus, welche das erste Buch des Werkes bildet. Die einlei-
tenden Worte, die an der Spitze dieser Vorgeschichte stehen,
sind nun so recht geeignet, uns mit Einem Schlage mitten
in diejenige geistige Strömung hinein zu versetzen, von der
das vorliegende Buch selbst einen Bestandtheil bildet: *die
humanistische Historiographie.*

Schauen wir also zu, was Pirckheimer uns in dieser
Einleitung sagt: Wer die Geschichte von Königen oder Völkern
zu schreiben unternimmt, so beginnt das Werk, der pflegt
sich im Lobe der Geschichte zu ergehen. Er nennt sie die
Zeugin der Zeiten, das Licht der Wahrheit, die Erhalterin
der Erinnerung, die Lehrerin des Lebens, die Botin des
Alterthums. [1] Ich aber darf nicht so beginnen, vielmehr
muss ich klagen über das unglückliche Schicksal, welches
Deutschland betroffen hat, denn dieses Land hat beinahe
keine Geschichtsschreiber hervorgebracht, welche die ruhm-
reichen Thaten in würdiger Weise der Nachwelt überliefert
hätten. Alle Dinge werden aber nur so hoch geschätzt, als
sie ausgezeichnete Geister durch ihre Worte erheben (cum
omnes res gestae tantae habeantur, quantum eas verbis (ut
ille ait) praeclara potuere extollere ingenia. [2] So hat es
kommen müssen, dass die bewunderungswürdigen Thaten der
Franken, Sueven, Gothen, Alanen, Vandalen, Heruler, Lon-
gobarden u. s. w., entweder nur von missgünstigen fremden
Historikern, oder gar nicht überliefert worden sind. Und

---

[1] Aus Cicero, De oratore, II, 9, 36.
[2] Sallust, Catilina, VIII, 4.

doch haben diese Germanen dereinst Rom, das Haupt der
Welt und fast ganz Europa ihrer Herrschaft unterthan gemacht, um von dem zu schweigen, was sie in Afrika und
Asien ausgeführt haben. Gerechterweise darf man es
tadeln, dass kein Deutscher, ausser dem Einen oder Andern
es unternommen hat, die Ereignisse seiner Zeit zu erzählen,
während es doch nie an solchen gefehlt hat, welche die Geschichte anderer Völker und zwar von Anfang der Welt an
beschrieben haben, und sich dabei nicht scheuten, unter
eigenem Namen auszugeben, was von andern herstammte.
An Stoff hätte es ihnen doch nicht gefehlt, da Deutschland
ja zu keiner Zeit ohne Krieg war. Das ist die Ursache,
warum die fremden Schriftsteller, so oft sie Händel zwischen
ihrem Volk und den Deutschen schildern, den Ihren den Sieg
zuschreiben und die Thaten der Unsern verkleinern, so dass
sie oft statt tapfer feige, statt Sieger als die Besiegten erschienen. Ist es doch nur natürlich, dass jeder das Lob
seines Volkes vor allem verkündet, obgleich man in der Geschichtschreibung in erster Linie auf die Wahrheit sehen
sollte.

Aus diesen Gründen habe ich geglaubt, etwas Werth-
volles zu vollbringen, wenn ich den Krieg, den man den
Schweizerkrieg nennt, aufzeichnete, damit derselbe nicht wie
die übrigen, dem Gedächtniss der Menschen entschwände.
Und es verdient dieser Krieg die schriftliche Aufzeichnung
um so mehr, als es der grösste und unheilvollste von allen
ist, die seit Menschengedenken geführt worden sind, nicht
allein durch die kriegerische Rüstung und die Grösse der
Truppenmacht, sondern auch durch die gegenseitige Erbitterung, mit der man kämpfte, und die Menge der Niederlagen.
Beide Theile waren vortrefflich gerüstet, reich an Mitteln und
Hülfskräften. [1]) Mehr als aus Streben nach Ruhm ward aus

---

[1]) Vergl. zu dieser ganzen Stelle die bekannten Anfangsworte
des *Thukydides:* Θουκυδίδης Ἀθηναῖος ξυνέγραψε τὸν πόλεμον
τῶν Πελοποννησίων καὶ Ἀθηναίων ὡς ἐπολέμησαν πρὸς ἀλλήλους,

gegenseitigem Hass gestritten. Von den Schweizern, um ihr von den Vorfahren in vielen Kriegen erkämpftes Ansehen (decus) nicht zu verlieren, von den Kaiserlichen, damit es nicht scheine, als ob sie jenen an Muth und Tapferkeit nachstünden.

Ich werde nicht nur schreiben, was ich durch Bericht Anderer oder gerüchtweise vernommen habe, sondern auch, was ich selbst gesehen und mit angeschaut habe, da ich in diesem Kriege eine nicht geringe Truppenmacht befehligte. Und mehr als nach eleganter Darstellung zu trachten, [1]) werde ich mich bemühen, die Ereignisse mit Unterdrückung aller Leidenschaftlichkeit [2]) nach möglichster Wahrhaftigkeit zu erzählen.

ἀρξάμενος εὐθὺς καθισταμένου καὶ ἐλπίσας μέγαν τε ἔσεσθαι καὶ ἀξιολογώτατον τῶν προγεγενημένων, τεκμαιρόμενος ὅτι ἀκμάζοντές τε ἦσαν ἐς αὐτὸν ἀμφότεροι παρασκευῇ τῇ πάσῃ .... κίνησις γὰρ αὕτη μεγίστη δὴ τοῖς Ἕλλησιν ἐγένετο ....

Hiezu *Livius*, XXI, 1: In parte operis mei licet mihi praefari quod in principio summae totius professi plerique sunt rerum scriptores, bellum maxime omnium memorabile, quae umquam gesta sint, me scripturum ... nam neque validioribus opibus ullae inter se civitates genteaque contulerunt arma, neque his ipsis tantum umquam virium aut roboris fuit... odiis etiam prope majoribus certarunt quam viribus, Romanis ... Poenis ...

[1]) Man ginge fehl, wollte man dieser Betheuerung allzugrosses Gewicht beilegen. Es ist eine Phrase, wie sie sich bei den Humanisten häufig findet, u. niemand legte gerade einer eleganten Darstellung mehr Werth bei als sie. Man höre beispielsweise *Myconius* in d. Vorrede d. Commentars zu Glarean's Descriptio Helvetiae (Thesaurus Hist. Helvet.): „Illud vere dico, nihil rerum Helveticarum esse adnotatum quod non sit vero verius(!). Si non ita eleganter, ut nostro saeculo respondeat, non admodum curamus, contenti iudicasse, praesertim primi, uti res habet.“

[2]) „omni affectu animi depulso.“ Mit dieser Versicherung verhält es sich wie mit der vorhergehenden. Während aber diese doch noch insofern mit Recht in dem Proömium stehen darf, als wir P. für das ganze B. S. keinen einzigen Fall bewusster Umgehung der Wahrheit vorwerfen können, wäre die genannte andere besser weg-

— So ungefähr die Einleitung. Dann fährt er fort, wie er
mit Beiseitelassung alles Fabelwerkes zuerst den Ursprung
und die Entwicklung der schweizerischen Eidgenossenschaft
erzählen wolle, von welchen Anfängen aus dieselbe zu solcher
Macht habe gelangen können, dass sie allen ihren Nachbarn
furchtbar geworden sei, und es sogar habe wagen dürfen,
dem Kaiser zu trotzen.

Wie spricht aus diesen wenigen Worten der Charakter
des ganzen Werkes! Unmittelbar sind wir hineinversetzt in
den Ideenkreis und die ganze Anschauungs- und Schreibweise der humanistischen Historiographie. Die Anwendung
der lateinischen Sprache; die Citate aus Cicero und Sallust
über den Werth der Geschichtschreibung; die unverkennbare
Anlehnung an die antiken Historiker; die Klagen, dass
Deutschland bis jetzt keine Geschichtschreiber hervorgebracht
habe, wodurch es geschehen sei, dass seine Thaten der Ver-
gessenheit anheim gefallen seien; der stolz-patriotische Zug,
der durch das Ganze weht, und der seinen sprechendsten Ausdruck findet in der Erinnerung an die Zerstörung des Römer-
reiches durch die Germanen; die leise aufkeimende Neigung
zur Kritik, die sich in dem „vetustioribus ac quae fabulis
similiora sunt neglectis" bemerkbar macht; das wegwerfende
Urtheil über die alte Chronikschreiberei, wo mit der Erschaf-
fung der Welt begonnen wird und kritiklos der Eine dem
Andern nachschreibt, was dieser schon einem frühern nach-
geschrieben hatte; endlich nicht zum Mindesten die Wahl
eines einheitlichen geschlossenen Themas mit pragmatisch be-
gründender Einleitung — das alles verräth uns Zeit und Ort
der Abfassung, und den Kreis, dem der Verfasser angehörte ·
mit einer solchen Deutlichkeit, dass man, wäre dieser auch
unbekannt, gar nicht anders rathen könnte, als auf einen

---

geblieben, da P. in diesem Buche seinem Spott und Groll in der
unverholensten Weise Bahn lässt. Die Wendung ist zudem nur das
Echo des bekannten Taciteischen Wortes: „sine ira et studio, quorum
caussas procul habeo" (Annalen, I, 1).

deutschen Humanisten der ersten Hälfte des 16. Jahrhunderts.
Es bildet diese Einleitung recht eigentlich also den Heimat-
schein des kleinen Werkes.

a) Der patriotische Zug.

Was uns vor Allem bei der Lecture der Zeilen, welche
das Vorwort zum B. S. bilden, auffällt, das ist das hochge-
steigerte Nationalitätsbewusstsein, die Freude und der Stolz ein
Deutscher zu sein. Dieses Gefühl, welches fast alle deutschen
Humanisten in gleichem Maasse beherrscht, musste in Verbindung mit einem andern Ideengang, den wir ebenfalls im
Proömium des B. S. ausgesprochen finden, mit einer Art
logischen Nothwendigkeit den Sinn auf die deutsche Vergangenheit, auf die Thaten des eigenen Volkes hinlenken,
und zur Erforschung derselben anregen. Wenn man nämlich
zum theoretischen Ausgangspunkt die Anschauung nimmt, welche
Sallust in der Einleitung seines Catilina ausgesprochen hat,
und die seither unendliche Male wiederholt worden ist: dass
der Werth der Ereignisse abhängig sei von ihrer Schilderung
durch ausgezeichnete Schriftsteller; wenn zu dieser Ansicht
die weitere tritt, dass aus dem eigenen Lande bis jetzt noch
keine Geschichtschreiber hervorgegangen seien, so muss sich,
bei erwachtem patriotischen Gefühl, und beim Bewusstsein
des Könnens, mit zwingender Nothwendigkeit das Streben
regen, *nachzuholen*, was durch die Ungunst des Schicksals
früher nicht zu Stande gekommen, damit endlich das Volk
mit dessen Werth, mit dessen Eigenschaften man sich eins
fühlt, zu seiner verdienten Ehre komme. Diesen Gedanken-
gang finden wir nicht nur in der genannten Vorrede ausgedrückt, wir finden ihn auch in andern Abhandlungen und
in Briefen Pirckheimer's, wir finden ihn aber auch in der
ganzen übrigen Reihe der deutschen humanistischen Schriften
historischen Charakters. Ja, noch mehr: Seit Bruni und
Poggio hatte man in Italien darüber nachzudenken begonnen,
„warum die Zeiten der Griechen und Römer genauer bekannt

seien als die nächstvergangenen. Einstimmig fand man den
Grund darin, dass jene durch geschickte Geschichtschreiber
verherrlicht worden. Man berief sich auf Sallustius, der im
8. Kapitel seines Catilina auch bereits bemerkt, die Thaten
alter Zeiten erschienen stets grösser und herrlicher, die Eloquenz
der Schriftsteller aber mache auch mässige Thaten zu gross-
artigen." [1]) Poggio macht die Bemerkung, dass Livius ja
oft recht winzige Dinge von den alten Römern erzähle, die
nur durch seine Darstellung gross und würdig erscheinen.
Diese Auffassung von dem Werthe der Historiographie führte
mitunter auf recht kuriose Meinungen, so wenn z. B. ein
Aurispa des naiven Glaubens leben konnte, dass die Römer
über alle andern Völker so hinwegragten, das erscheine nur
so in ihrem Lobe durch eloquente Männer. [2]) . . .

Man huldigte dieser Meinung um so lieber, als das
Lob der Geschichtschreibung billig auch das der Geschichtschreiber in sich schloss. „Cicero hat einmal über den Werth
und die Hoheit der Geschichte eine Reihe von stolzen Worten
in die Welt geschickt: die Geschichte sei die Zeugin der
Zeiten. . . . Seine modernen Schüler von Petrarca an sprachen
diese Phrasen mit Wohlgefallen nach." [3])

Wie wird uns mit diesen wenigen Worten wie durch
Einen Schlag die Abhängigkeit des deutschen Humanismus
von dem italienischen enthüllt! Dieselben Ideen, welche
der deutsche Humanismus nicht müde wurde zu wiederholen,
dieselben Ideen, welche wie ein Leitmotiv durch alles hindurch klingen, was von deutschen Humanisten über Geschichte geschrieben worden ist — sie sind seit Petrarca das
allgemein beliebte Thema der Italiener.

---

[1]) *G. Voigt*, Wiederbelebung des klass. Alterthums[2] II, 1881,
pag. 497 u. 498.

[2]) Ibid. pag. 498.

[3]) Ibid. pag. 494 u. 495.

Aber haben es auch die Deutschen von diesen erhalten,
die logischen Consequenzen waren bei beiden Völkern andere.
Wir haben schon andern Orts Gelegenheit gehabt, darauf
aufmerksam zu machen, dass sich die deutschen Humanisten
von den italienischen durch ihre Begeisterung für alles, was
Deutsch ist, unterschieden haben. „Unterschieden" ist zwar
auch nicht richtig, wenigstens ist es kein principieller Unterschied. Die Art und Weise, wie sich die Italiener ihren Vorfahren gegenüber aussprachen, übertrugen die Deutschen auf
die ihren, d. h. das Hochgefühl der Italiener auf ihre erlauchten
Vorfahren, die alten Römer, ging bei den Deutschen über auf
ihre Ahnen, die alten Deutschen. Wir dürfen es geradezu
aussprechen: *Die Liebe zum klassischen Alterthum und die
Liebe zur deutschen Vergangenheit sind die beiden hauptsäch-
lichen Charakteristika des deutschen Humanismus.*

Was musste mit Nothwendigkeit daraus folgen? Nichts
anderes, als dass für die deutschen Humanisten ein Haupt-
feld wissenschaftlicher Pflege *das deutsche Mittelalter* ward,
das ganze gesammte deutsche Mittelalter von der Völkerwanderung an bis zum 15. Jahrhundert.

Die italienischen Humanisten geben das Mittelalter fast
ganz verloren. [1] Flavio Biondo ist es allein, der durch seine
„Decaden" über das allgemeine Vorurtheil hinausragt. „Schon
um dieses einen Buches willen wäre man berechtigt, zu sagen:
das Studium des Alterthums allein hat das des Mittelalters
möglich gemacht; jenes hat den Geist zuerst an objectives
geschichtliches Interesse gewöhnt. Allerdings kam hinzu,
dass das Mittelalter für das damalige Italien ohnehin vorüber
war und dass der Geist es erkennen konnte, weil es nun
ausser ihm lag. [2]"

Wie verschieden vom deutschen Humanismus! Auch

---

[1] Ibid. pag. 498.

[2] *Jak. Burckhardt,* Cultur der Renaissance[3] I, pag. 288.

dieser hat das Gefühl, dass die Zeit zwischen dem classischen Alterthum und dem Jahrhundert, dem er selbst angehörte, ein anderes, eine „mittlere Zeit" sei; kommt doch bei Beatus Rhenanus nicht nur der Begriff, sondern geradezu das Wort „Mittelalter" vor, wenn auch nicht in der jetzt gebräuchlichen Form von „medium aevum". In der Dedicatoria zu seinen 1531 edirten „Rerum Germanicarum", libri III, heisst es nämlich: Hoc vero mirum, quod in Romana antiquitate cognoscenda diligentissimi sumus, in media aut etiam vetustiori quae ad nos maxime pertinet negligenter cessamus. Der Romana antiquitas wird also die *media antiquitas* quae ad nos pertinet entgegengesetzt. Dass dies unser jetziger Begriff Mittelalter ist und sogar noch wörtlich, das greift man mit Händen. Aber auf wie verschiedenem Wege kam man zum Studium dieses „mittleren Zeitalters"! Biondo ist ein Ausnahmefall; „das Studium des Alterthums allein hat das des Mittelalters möglich gemacht, jenes hat den Geist zuerst an objectives geschichtliches Interesse gewöhnt." Bei den Deutschen ist es vor Allem und in erster Linie der Patriotismus, der sie zur Erforschung des Mittelalters treibt. Dem römisch-griechischen Alterthum setzen sie mit Stolz das deutsche gegenüber. Was war aber dasselbe anderes als das deutsche Mittelalter? Es blieb ihnen gar keine andere Wahl. Nichts ist daher falscher, als wenn man so obenhin von der Verachtung des Mittelalters von Seiten des Humanismus spricht. Soweit es wenigstens den deutschen betrifft, ist gerade das Gegentheil richtig.

Diese Geistesströmung, deren Träger Männer wie Fabri, Naukler, Trithemius, Celtes, Aventin, Krantz, Hutten, Rhenanus, Bebel, Wimpfeling, Peutinger, Cuspinian, Lazius, Irenicus, Pirckheimer bilden, ist eines der schönsten und erhebendsten Schauspiele, welches uns die deutsche Cultur-geschichte bietet. Es flammt ein Feuer für die idealen Güter in diesen Männern, dass wir nur mit Bedauern daran denken können, wie in der Folge durch die so eigenthümlich bedingten Schicksale Deutschlands diese hoffnungsreichen Stimmungen wieder zurückgedrängt worden sind.

Drei Jahrhunderte mussten vergehen, bis das deutsche
Volksbewusstsein wieder so erwachte, dass sich Männer zu-
sammenfanden, welche mit derselben Liebe, demselben Eifer
— und diesmal vielleicht unter günstigeren Umständen —
und mit reicheren Mitteln ausgestattet, ihr Leben der Erforschung der deutschen Vergangenheit widmeten. Wie passt fast
Zug für Zug auch auf den Humanismus, wenn wir in Treitschke
die Schilderung der geistigen Strömung in Deutschland nach
den Befreiungskriegen lesen: „Und wie vormals die Bahn-
brecher unserer Poesie, so erschien auch dies neue Gelehrten-
geschlecht durchglüht von unschuldiger jugendlicher Begeisterung, von einem lauteren Ehrgeiz, der auf der Welt
nichts suchte als die Seligkeit der Erkenntniss und die Mehrung deutschen Ruhmes durch die Thaten freier Forschung." [1]

Aehnlich wie in der damaligen Zeit in Italien von den
herrlichsten Meisterwerken griechischer Kunst aus dem Schooss
der Erde hervorkamen, so kamen in jener Zeit in Deutschland die wichtigsten Urkunden des Mittelalters zum Vor-
schein. Das Interesse war erwacht, man suchte und man
fand. Otto von Freising nebst seinem Fortsetzer Ragewin
war schon durch Enea Piccolomini aufgefunden worden. [2]
Ihm folgten die Gesta Heinrici, das Chronicon Urspergense,
Jordanis, Paulus Diaconus, Einhard und Regino. Hrotsuit
war 1501 durch Celtes entdeckt worden. 1512 ward in Paris
Gregor von Tours, 1514 Liutprand herausgegeben. [3] Man
sollte nun denken, gerade die Auffindung all' dieser alten

---

[1] *Treitschke*, Deutsche Geschichte, II, pag. 8. Vergl. auch
Wattenbach, Deutsche Geschichtsquellen[5] pag. 17: Die lange
Fremdherrschaft in Deutschland und die Befreiung davon durch die
vereinten Anstrengungen des ganzen Volkes weckten endlich in
höherem Grade das Bewusstsein eines gemeinsamen Vaterlandes.
Mit neuer Liebe wandte man sich der Erforschung der Vorzeit zu.

[2] Voigt, Enea Silvio, II, 312.

[3] Wattenbach a. a. O., pag. 1—4.

Quellen hätte die Klage über den Mangel an deutschen Geschichtsschreibern etwas eindämmen sollen. Aber sei es, dass
dieselben nicht recht gewerthet wurden, sei es, dass jene
Ueberzeugung einmal zu sehr in Fleisch und Blut über-
gegangen war, als dass man sie auch beim handgreif-
lichsten Gegenbeweis hätte fallen lassen können [1]) — sie
dauern fort und werden mit Vorliebe als Einleitungsworte zu
den historischen Werken benützt, zu denen sie in der That
meistens auch gar nicht übel passen. [2]) Freilich machen sie
gerade bei dem Werke, das wir hier speciell betrachten, bei
Pirckheimer's B. S. einen seltsamen Eindruck. Zuerst hört
man die Klagen, dass die ingentia et celeberrima facta der
Deutschen aus Mangel an Geschichtsschreibern unseliger Ver-
gessenheit anheimgefallen seien, und nachher kommt die
Schilderung des Schwabenkrieges, der wahrlich zur Ehre des
deutschen Reiches wenig beigetragen hat. Dass die so oft
wiederholten Worte nicht zur inhaltlosen Phrase werden,
wird einzig dadurch bewirkt, dass diejenigen, welche sie aussprechen, von ihrer Wahrheit wirklich durchdrungen erscheinen. Ihre Werke geben uns den Beweis hiefür. Ver-
weilen wir einen Moment bei denselben.

Das patriotische Hochgefühl, wie es den deutschen
Humanismus characterisirt, findet sich schon bei einem Manne,
den man gewöhnlich nicht unter die Humanisten rechnet, der
aber gerade durch das stark pulsirende Nationalgefühl die
Verwandtschaft mit diesem documentirt, wir meinen *Felix*

---

[1]) Pirckheimer z. B. kannte die genannten mittelalt. Autoren,
er citirt sie in einem Brief an Beatus Rhenanus, Op., pag. 314.

[2]) Der Kuriosität halber sei hier erwähnt, dass der Herausgeber des Berner Schilling v. J. 1743 das gleiche Thema aus-
schlägt: „Zwar haben die Schweitzer zu dieser ihrer Unbekanntheit
auch beygetragen, indem sie allezeit am weitesten entfernt gewesen,
sich und ihre Thaten an die Sonne zu stellen und damit zu prangen,
wie hingegen andere Völker gethan haben.“

Fabri [1] von Zürich. In der gegen 1489 verfassten [2] Historia Suevorum oder, wie sie neuerdings mit mehr Recht genannt worden ist, der „Descriptio Sveviae" finden wir diese Gesinnung schon vollständig ausgeprägt vor uns: Karl der Grosse wird mit Nachdruck für die Deutschen beansprucht, er ist kein Welscher, denn er hat ja Winden und Monaten deutsche Namen gegeben, [3] eine Begründung, die dann noch oft wiederholt worden ist. Bei der Geschichte Heinrich's IV. neigt er sich, obwohl er Predigermönch war, der Seite des Kaisers und nicht des Papstes zu, indem er die ungünstige Beurtheilung Heinrich's auf die Abneigung der Italiener gegen die Deutschen zurückführt. [4] Der Patriotismus nimmt sogar schon eine für die geschichtliche Wahrheit recht bedenkliche Ausdehnung an. Anlässlich des ersten Kreuzzuges schreibt er nämlich wörtlich Folgendes [5]: In hac autem Dominici sepulchri et civitatis sanctae et terrae promissionis liberatione Suevi praecipuo honore sunt extollendi, quorum medio omnia ista sunt acta. Quamvis enim in illo primo praelio, quo capta fuit civitas Jerusalem, non fuerit personaliter Imperator, nec fiat de eo mentio, notum tamen est quod totus exercitus occidentalium movebatur per eum, et si ipse voluisset, Dominus Gotfridus penitus nihil egisset vel agere potuisset, ideo victoria ista fuit Imperatoris. Hanc tamen et alia gloriose per eum gesta non attribuunt historiographi sibi, quia ut communiter descriptores illi vel sunt Francigeni vel Italici (Fabri hatte sich, was Beachtung verdient, seiner Zeit in

---

[1] Vergl. über ihn die eingehende Studie von Dr. *H. Escher* in den Quellen zur Schweizer Geschichte, VI, pag. 205 ff.

[2] Escher, a. a. O., pag. 222.

[3] Goldast, rerum Svevicarum scriptores aliquot veteres, 1605, pag. 57 u. 58.

[4] Vergl. Escher, pag. 134.

[5] Goldast'sche Ausg., pag. 92.

Italien aufgehalten [1]) quorum affectus ita stat ad Alemannos [2])
et praecipue ad Suevos, ut non solum non laudabilia enuntient,
sed et nomen Suevorum ponere abhorreant, nisi cum de-
spectione et ignominia."

Wie bei Pirckheimer, so wird auch bei ihm die Entstehung
seiner Descriptio auf den Mangel an Werken solcher Art zu-
rückgeführt: Optavi videre aliquam Germaniae descriptionem,
sicut aliarum provinciarum inveni, sed nullam reperire potui.
Am Allerbezeichnendsten tritt jedoch das patriotische Gefühl
bei der Beschreibung Germaniens hervor. Er kann nicht
Worte genug finden, es zu preisen [3]): Einst roh und unge-
schliffen (inamabilis), hat das deutsche Volk jetzt den Verstand geschärft, pflegt Künste und Wissenschaften. Herrliche
Universitäten bestehen, „revixit in Germania scientia et elo-
quentia". Beredsamkeit und Malerei blühen wie zu den
Zeiten des Demosthenes und Cicero. In Deutschland ist die
„göttliche Kunst" der Buchdruckerei erfunden worden, seine
Bewohner sind geschickt in der Bearbeitung jedes Stoffes, so
dass sie sogar bis zu den Saracenen und nach Aegypten gelangen. Der Soldan von Aegypten hatte einen deutschen
Baumeister von Oppenheim in seinem Dienst. Berühmt sind
die deutschen Bäcker, berühmt die Musiker. Was das Kriegswesen betrifft, so haben sie die Kanonen (bombardas) erfunden ... In diesem Tone geht es fort.

Von dem gleichen warmen Gefühl für das Vaterland ist
der berühmte Chronist *Joh. Naukler* [4]) beseelt, dessen Werk
im letzten Decennium des 15. Jahrhunderts entstand und viel-

---

[1]) Escher, pag. 206.

[2]) Nicht Alemannen, sondern Deutsche (= d. franz. Allemands),
vergl. Escher, pag. 209.

[3]) Goldast, pag. 67—71.

[4]) Vergl. über ihn *Erich Joachim*, Johannes Nauklerus und
s. Chronik. Gött. Diss., 1874.

leicht schon 1504 fertig vorlag. [1]) Auch er steht, obwohl seinem Grundcharacter nach noch Chronist, durch seine Bildung [2]), durch seine patriotischen Tendenzen, durch die Anwendung des Lateinischen, den humanistischen Kreisen sehr nahe. Characteristisch jedoch ist für ihn, dass er da, wo er auf die Vorzüge der deutschen Nation zu sprechen kommt, in Folge seiner mehr auf das Religiöse gerichteten Sinnesweise, lieber auf die „pietas" hinweist, als auf andere schöne Seiten des deutschen Volkes. Wenn einer, so meint Naukler, [3]) bei sich überlegt, wie vielmal die Deutschen für den katholischen Glauben, für die römische Kirche, für Aller Heil gekämpft haben, so wird er sicherlich finden, dass es wenige Länder der Erde gibt, die es an Verdiensten um die Christenheit mit dem unseren aufnehmen könnten. Und dann fährt er fort: „Quod plane intelliges, si cogitabis imperium Romanum ob sola in ecclesiam Romanam merita in Germanos fuisse translatum, quod ad singulare ejus nationis decus et ornamentum accedit. Nam etsi Assyrios, Medos, Persas, Graecos olim aut reliquas gentes sibi vendicasse imperium constet, sola tamen libidine regnandi ac violentia adepti sunt, et eisdem artibus amiserunt semperque in vilissimam servitutem sunt postea redacti. Nostri autem virtute et laboribus pro Deo susceptis digni judicati sunt universo ecclesiae senatui ac populo Romano, qui imperium orbis regerent." Auch bei Naukler findet sich die citirte Beweisführung, warum Karl der Grosse ein Deutscher sei, auch bei ihm die Klage, dass Deutschland keine Geschichtsschreiber hervorgebracht habe. Quis dubitat, heisst es II, pag. 28, inter priscos Germanorum populos fuisse non parum multos, qui suis temporibus gloria rerum gestarum insignes et praeclari extitere,

---

[1]) Joachim, pag. 19.

[2]) Wie P. hatte auch Naukler in Italien studirt, cf. Joachim, pag. 3.

[3]) Kölner Ausg. v. 1564, II, pag. 33.

cum quibus fama simul extincta est propter inopiam scriptorum, qui gesta oratione vel carmine illustrarent? in quo nihil aliud quam naturam accusandum censeo, quae de industria quasi videtur humanae perfectioni invidere: quoniam ex Germanis qui egregia facerent reperti sunt innumeri, qui conscriberet nullus. Auch Naukler fühlt sich durch diesen Mangel bewogen, das Seinige dazu beizutragen, demselben abzuhelfen: Haec cum ita sint, indignissimum judicavi aliarum gentium gloriosa facinora compilantem Germaniae cujus alumnus sum praeconia et laudes praeterire ceu Germanicae virtutis invisor. [1]

1502 erschien in Nürnberg eine Schrift: De origine, situ, moribus et institutis Norimbergae libellus [2] von demjenigen Mann, den Thausing geradezu „den Apostel der classischen Studien in Deutschland" [3] nennt, von *Conrad Celtes*, aus Franken gebürtig, wie Pirckheimer. Bald nachdem er in Nürnberg zum Dichter gekrönt war (1487), sehen wir ihn als Schüler des Pomponio Leto in Rom. Doch er verlor sich dort nicht, sondern wie in Luther schärft sich in ihm erst recht der Gegensatz gegen das wälsche Wesen, er fühlt sich als Deutscher, ihn empört die Verachtung und Geringschätzung, mit der die Italiener sein Volk beurtheilen, zugleich aber erwacht in ihm der glühende Wunsch, seiner Nation ein Prometheus sein zu wollen und den Götterfunken der Antike aus Italien seinem Vaterlande zu bringen. [4]

Als Celtes in Nürnberg lebte, war er Gast im Pirckheimer'schen Hause, [5] und da lässt es sich denken, wie mächtig

---

[1] II, pag. 20.

[2] Auch abgedruckt in P's Opera, pag. 116 ff.

[3] Thausing, Dürer, pag. 203.

[4] *Ad. Horawitz*, „Zur Geschichte des deutschen Humanismus u. der deutschen Historiographie", Müller's Ztschr. f. deutsche Kulturgesch., IV, pag. 79.

[5] P's Op., pag. 119 u. 133.

er auf den 12 Jahre jüngeren Wilibald eingewirkt hat. Durch
den Verkehr mit Celtes mag der erste schwache Keim zu
Pirckheimer's „Explicatio“ gelegt worden sein. War es doch
dessen grösster Plan, den auszuführen ihn nur der Tod ver-
hinderte (1508), eine Germania illustrata zu schreiben, wie
dies auch nachher sein Schüler, der bekannte Geschichtsschreiber *Arentin* beabsichtigte. [1]) Biondo hatte eine Italia
illustrata geschrieben, [2]) also auch hier wieder der directeste
Einfluss der Italiener.

Was wir an Celtes' Werk verloren haben, davon mag
uns die citirte Monographie über Nürnberg einen Begriff
geben. Wenn dieselbe auch noch so reich an gewagten Be-
hauptungen ist, so muss es als sprechendes Zeugniss von der
Universalität der Humanisten [3]) doch im höchsten Grad unser
Interesse erregen, wenn wir in dieser Abhandlung nicht nur
beiläufige Notizen, sondern ganze Kapitel über die sanitären
Verhältnisse der Stadt, den Gesundheitszustand der Bevölke-
rung, über die Grösse derselben, über Hospitäler, Aussätzige
und Armenpflege, über Wirthschaften und Bierbrauereien,
über Behörden, Recht und Gerechtigkeit vorfinden. [4]) Mögen
bei der Abfassung dieser Schrift immerhin etwas selbstsüchtige
Factoren im Spiel gewesen sein, [5]) dem intellectuellen Werthe

---

[1]) *Wegele*, Deutsche Biographie, I, pag. 703.

[2]) Voigt, E. S., II, pag. 304.

[3]) wie sie z. B. in grossartiger Weise auch zu Tage tritt bei
Enea Silvio. Vergl. Jak. Burckhardt, a. a. O., II, pag. 5.

[4]) P's Op., pag. 126, 127, 129 u. 137, 132, 133, 131,
134, 136. Culturhistorisch besonders werthvoll sind die Capitel
über die Leprosen, über das Prostitutionswesen, über das Strafrecht,
über die Juden — und was auch unsere Zeit interessiren dürfte —
die Notiz über die Weinfälscher. Die Strafen, mit denen dieselben
belegt wurden, scheinen nicht so bedeutend gewesen zu sein. Anders
wenigstens hätte der Stossseufzer des Celtes: Vinorum etiam cor-
ruptores utinam graviore supplicio afficerent (pag. 136) keinen Sinn.

[5]) Horawitz, pag. 81.

der Abhandlung, welche uns wie die social-physiologische Betrachtung eines modernen Nationalökonomen anmuthet, thut dies keinen Abbruch. Dass auch Celtes den immer wiederkehrenden Gedanken von der Pflege der heimischen Geschichte variirt, liegt auf der Hand. [1])

Dasselbe thut auch Heinrich *Bebel*. In seiner Rede, welche er zu Innsbruck vor dem Kaiser hält: „De ejus et Germaniae laude" hören wir gleich die bekannten Klänge. Nachdem er als das einzige aber schwer ins Gewicht fallende Unglück Deutschlands, dessen innere Zerrissenheit, den Zwiespalt der Fürsten bezeichnet hat (schon Fabri hatte gesagt: Si Germani essent ubique concordes, totum orbem domarent, [2]) fährt er fort: Sonst sei Deutschland gross und herrlich, sein grösster Ruhm bestehe — und da erinnert er an Naukler — in dem glorreichen Kampf für die christliche Kirche, der nur darum weniger bekannt sei, weil es Deutschland in der frühern Zeit an Schriftstellern gefehlt habe. [3]) Auf's weitläufigste commentirt er dann wiederum dieses Thema — mit Anführung jener auch von Pirckheimer citirten Stelle aus Sallust's Catilina, in seiner „Epitoma laudum Suevorum." [4]) Dazu kommt dann bei Bebel noch der Nationalstolz des

---

[1]) Cf. die Worte, die er in der Dedicatoria s. libellus ausspricht (Op. Pirck., 119): Sunt qui se Gallias, Hispanias et utramque Sarmatiam et Pannoniam, transmarinas etiam terras lustrasse et vidisse gloriantur. Ego non minori gloria hominem Germanum Philosophiae studiosum dignum existimo, qui patriae suae linguae fines et terminos, gentiumque in ea diversos ritus leges, linguas religiones, habitum denique et affectiones corporumque varia lineamenta et figuras viderit et observaverit.

[2]) Goldast, pag. 55.

[3]) Vergl. Geiger, Deutsche B., II, pag. 196.

[4]) Abgedruckt in Goldast's erwähnten Rer. Svevicarum al. veteres, 1605.

Schwaben. Er ärgert sich über die Verwechslung, die Jacobo
Filippo von Bergamo passirt ist, als dieser mitthcilt, dass Lodovico Moro von *Schwaben* verrathen worden sci, [1]) und dass
Kaiser Maximilian 1499 gegen die *Schwaben* Krieg geführt
habe, „quoniam Suevi columna et fundamentum imperii exi-
stentes officio et obsequio in Regem nulli mortalium cedunt,
pro cujus vitae incolumitate, salute et imperio propagando
ubique terrarum militant, corpusque et sanguinem intrepidi
exponunt. [2]) Doch, führt er verächtlich fort, was gebe
ich mir in einer so augenscheinlichen Sache so viel Mühe,
da es ja klar ist, dass jener Schriftsteller sich nur im
Namen geirrt hat. Es sind die Schweizer gewesen „und nicht
die Schwaben, die gegen den König gekämpft haben.“ Auf
die Italiener ist Bebel überhaupt nicht gut zu sprechen, er
nennt sie: Itali, genus in suam laudem effusissimum, [3]) eine
Stelle von frappanter Aehnlichkeit mit der früher von Pirckheimer citirten (gens in laudes suas effusissima). Namentlich
wirft er ihnen vor, [4]) dass sie, da die Deutschen keine Schriftsteller gehabt, welche die von ihnen vorgebrachten Lügen
hätten zurückweisen können, in frechster Weise Lug und
Trug über die guten deutschen Kaiser verbreitet hätten, vor
Allem über Barbarossa und Friedrich II. „Nicht ohne Grund
muss ich daher klagen, dass uns keine Geschichtschreiber
erstanden sind.“

Es können uns diese steten Anklagen gegen die Italiener
nur bestärken in der Ansicht, die wir über die Entstehung
dieser so auffallend stark und häufig betonten patriotischen

---

[1]) Quod cum pellegissem, stomachabar partim hominis simpli-
citate, partim miserabar ... Wie sehr der Verrath Turman's und
seiner Mitschuldigen den Eidgenossen übrigens die Sympathie entzog,
das sieht man an dem Urtheil des sonst so schweizerfreundlichen
P's (B. S., pag. 101).

[2]) pag. 40 u. 41.

[3]) Goldast, pag. 45.

[4]) Ibid., pag. 40.

Gesinnung ausgesprochen haben. Lässt es sich doch nicht läugnen, dass dieser Patriotismus mit seinen nicht enden wollenden Klagen und Anklagen seiner ganzen Natur nach die Grenzen massvoller Haltung überschreitet, es ist ein überhitzter Patriotismus, stürmisch wallt er auf, sprudelt, wirft Blasen und kann kaum zur Ruhe kommen. Er hat etwas jugendlich aufbrausendes, was sich nur dadurch erklären lässt, dass es ein sanguinischer Gegenschlag ist. Je nachdem das Temperament Derjenigen, in denen er Wurzel gefasst hat, stiller oder stürmischer ist, je nachdem wird auch dieser sein Charakter gedämpfter oder greller hervortreten. In ruhigeren Naturen wird sich sein Einfluss darin zeigen, dass er zu ernsten Arbeiten anspornt; in aufgeregteren wird es durch ihn zu mehr oratorischen Leistungen kommen. Hätten wir selbst bei diesen letzteren nicht immer das Gefühl, dass sie wirklich dem tief empfundenen Bewusstsein erlittenen Unrechts entsprungen seien, gesellte sich nicht zu dem — man möchte fast sagen — chauvinistischen Charakter, den sie tragen, ein Zug jugendlich-liebenswürdiger unbefangener Ueberzeugung, man vermöchte ihnen schwerlich so viel Sympathie entgegenzubringen.

Das erfährt man vor Allem bei der Lectüre *Jakob Wimpfeling's*, welchen Horawitz nicht schöner hätte charakterisiren können, als wenn er ihn „einen Prediger des Patriotismus" [1] nennt. Die Behandlung des Stoffes, wie sie uns in seiner *Epitome rerum Germanicarum* entgegentritt, hat ja wohl etwas Dilettantenhaftes, allein auch hier entschädigt uns das warme, oft kindlich naive Vaterlandsgefühl, vor Allem aber die auch hier wiederkehrende universale Sinnesweise des Mannes. Wer würde bei einem Humanisten voraussetzen, dass derselbe Sinn hätte für mittelalterliche Kirchenbauten, und doch verhält es sich so. Um zu beweisen, dass auch das linksseitige Rheinufer von jeher deutsch war, bringt er folgenden Grund vor: Kein Mensch könne ihn überzeugen, dass

---

[1] A. a. O., pag. 74.

die herrlichen schwäbischen Könige, welche den Dom von
Speier gebaut hätten, dies auf französischem Boden gethan
haben sollten. [1]) Und wie er auf das Münster von Strassburg
zu reden kommt, da glaubt man den panegyrischen Er-
guss des jungen Goethe zu lesen: Hac una structura nihil in
universo orbe contenderim esse preciosius, nihil excellentius
ruft er begeistert aus. [2])

Bedenklicher sieht es aus, wenn er Beispiele aus der
Geschichte bringt und historische Parallelen zieht: Selbst
Karl der Herzog von Burgund schrieb den Kurfürsten, dass
er ein Deutscher sei und ein solcher genannt sein wolle.
Alexander der Grosse fürchtete den Anblick der Deutschen.
Dass Karl der Grosse ein Deutscher sei, wird natürlich zu
sagen nicht unterlassen. Ebenso gross als Karl der Grosse
aber war Friedrich I. und Friedrich II. darf man getrost
mit Hannibal dem Punier vergleichen: Quid de Alexandro
Macedonum rege dixerimne cum Friderico superiorem?
nequaquam cui cum Dario res fuit, quem mulierum ac spado-
num agmen trahentem inter purpuram atque aurum ornatum,
fortunae suae apparatibus praedam potius quam hostem in-
cruentus devicit. [3]) Das ist freilich stark, wir geben aber solche
Stellen ausdrücklich, um zu zeigen, wie ganz anders als heutzutage
von den Humanisten die Aufgabe, Geschichte zu schreiben, gefasst
wurde. Auch hier wird es ja wieder auf die individuelle
Eigenart des Autors ankommen, aber der Grundzug einer ganz
andern Vorstellung von der Aufgabe der Historiographie, der
bleibt bestehen, und das muss man wissen, wenn man nicht
ungerecht urtheilen soll. Erwägt man, dass bevor in mühe-
voller Arbeit Grosses geleistet werden kann, zuvor das Interesse dafür geweckt, die Liebe dazu vorhanden sein muss, so
wird man auch Ueberschreitungen, wie sie in der „Epitome"
vorkommen, nicht streng beurtheilen. „Auch der dilettantische

---

[1]) Ausg. v. 1502, pag. 2.
[2]) A. a. O., pag. 70.
[3]) pag. 36.

Bearbeiter einer Wissenschaft, sagt Jakob Burckhardt, kann gerade diejenige Art von allgemeinem Interesse für die Sache verbreiten, welche für neue Unternehmer den unentbehrlichen neuen Boden einer herrschenden Meinung, eines günstigen Vorurtheils bildet. Wahre Entdecker in allen Fächern wissen recht wohl, was sie solchen Vermittlern verdanken." [1]

Mehr als bei jedem Andern kommt man bei Wimpfeling auf die Idee, dass dieser Mann, tief bekümmert, von dem Gefühl durchdrungen war, dass das deutsche Volk bei der allgemeinen Vertheilung des Ruhmes zu kurz gekommen sei, und man dies darum auf alle Weise jetzt nachholen müsse. Mit Feuereifer werden daher die Männer aufgezählt, die den Grössten der Weltgeschichte ebenbürtig zur Seite stehen. Und was von grossen Leistungen und Erfindungen den Deutschen zu verdanken ist: Buchdruckerei, Kanonen, herrliche Gebäude, Gemälde, das alles wird mit Hochgefühl eingebucht. Ohne dass es geschrieben stünde, hören wir den Verfasser die andern Nationen stolz fragen: Was habt *ihr* denn dem Allen an die Seite zu stellen?

Als die schönsten und auch werthvollsten Früchte, die aus dieser patriotischen Gesinnung herausgewachsen sind, möchten aber wohl zu gelten haben: Des *Franciscus Irenicus* Germaniae exegeseos volumina duodecim (1518), Pirckheimer's Germaniae ex variis scriptoribus perbrevis explicatio (1530), und des *Beatus Rhenanus* Rerum Germ. libri III (1531). Es sind dies drei auf den ernstesten Studien basirende Werke [2] über das deutsche Alterthum,

---

[1] Jak. Burckhardt, a. a. O., II, pag. 6.

[2] Unseres Wissens sind dieselben noch nie eingehend in Bezug auf ihre Stellung unter sich, sowie in Bezug auf die Resultate der modernen Forschung untersucht worden. Man wird ihnen aber wohl einmal diese Ehre anthun müssen; die Arbeit kann auch nur eine lohnende sein. Dass trotzdem noch niemand sie unternommen hat, ist um so auffallender, als Horawitz vor Jahren schon in *Sybel's* Zeitschr. in einer geistvollen Studie auf die Bedeutung der gen. Männer aufmerksam gemacht hat.

Werke, die ihren Verfassern den Anspruch verleihen, Vorläufer eines Zeuss, Grimm und Müllenhoff genannt zu werden.

Der Geist, der sich darin ausspricht, ist der gleiche, wie wir ihn bei Celtes, Naukler und den andern Humanisten gefunden haben: freudig und tief empfundener Patriotismus, [1]) Interesse an allem was deutsch ist. Finden sich doch bei Beatus Rhenanus die ersten gedruckten Proben aus Otfried [2]) (wie wir bekanntlich in dem 1557 zu Basel erschienenen Werke des Wolfgang Lazius, eines Schülers von Rhenanus; [3]) De gentium aliquot migrationibus, die ersten gedruckten Strophen des Nibelungenliedes haben). Bei Rhenan, wie bei Pirckheimer und Irenicus hören wir die bekannten Klagen, die uns schon im Proömium zum B. S. begegnet sind, und die wir der Reihe nach bei allen Humanisten angetroffen haben. Rührend vor allem ist der Kummer des Irenicus. Herodot, so schreibt er gleich im 2. Kapitel seiner Exegesis, erzählt über Inder und Aegypter, Germaniens erwähnt er mit keinem Wort; rührend vollends seine Besorgniss, ob die Deutschen Barbaren seien oder nicht, welche Frage er mit dem ganzen Eifer behandelt, die solch' einem wichtigen Punkte zukommt. Und er kommt zu dem tröstlichen Resultat, dass es keine Barbaren sind. Aeneas Silvius sagt es ja selbst: „Ita christiana religio omnem Germaniae barbariem expulit, ut ipsi Itali graeci erga vos barbari, vos graeci ac latini appellari poteritis." Triumphirend schliesst er seine Argumentation mit den Worten: Haec Aeneas, Italus non Germanus!

Kehren wir nun wieder zu Wilibald Pirckheimer zurück, welchen wir bei dem vorgenommenen Zeugenverhör fast aus

---

[1]) Wie sehr sich das patriotische Gefühl in diesen Kreisen damals regte, das sieht man u. A. an den Anreden in den Briefen, wo es bald heisst: sidus Germaniae, bald: decus Germaniae. Mag das zuletzt auch eine blosse Höflichkeitsformel geworden sein, so beweist doch schon das Aufkommen derselben genug.

[2]) Ausg. v. 1551, pag. 112.

[3]) Horawitz, D. B., XVIII, pag. 89.

den Augen verloren haben. Wir haben gesehen, wie die Ideen, die wir in der Einleitung zu seinem B. S. gefunden haben, nichts weniger als original sind; wir haben gesehen, wie die mächtig fluthende Bewegung des erwachten National-bewusstseins fast alle deutschen Humanisten ergriffen hatte, und dieselben mit Nothwendigkeit dazu führte, Sinn und In-teresse der deutschen Vergangenheit entgegenzubringen. Auch Pirckheimer gehörte zu denen, die von dieser Strömung er-griffen wurden. In der Explicatio[1]) wie im B. S. sagt er es uns ausdrücklich, dass dies die Ursache sei, warum er zur Feder gegriffen habe. Ihr also in erster Linie verdanken wir diese beiden Werke, ebenso das kleine Fragment über Trier,[2]) welches er im Sommer 1512 besucht hatte.

Es kann hier nicht unsere Aufgabe sein, die Explicatio näher zu untersuchen, aber um Pirckheimer den Geschicht-schreiber kennen zu lernen, dürfen wir an diesem Werke nicht vorüber gehen, ohne uns mit den in demselben nieder-gelegten Anschauungen gelegentlich etwas zu beschäftigen. Gehört die Schrift doch dem Grenzgebiet der Historiographie an, und vieles, was uns hier in die Augen fällt, wird ein Licht auf seine historische Anschauungsweise werfen, und beurtheilen lassen, wieweit er die Befähigung zur Geschicht-schreibung besass.

Wäre die Explicatio in unsern Tagen geschrieben, so würde sie etwa den Titel „Deutsche Alterthumskunde" er-halten haben. Es ist eine Wanderung durch das alte Deutsch-land, die er an der Hand von Ptolemäus, Strabo, Plinius, Cäsar, Pomponius Mela und Tacitus unternimmt, wobei er überall darzustellen sucht, was die damaligen Bezeichnungen *heute* — also in Pirckheimers's Tagen — für einen Namen

---

[1]) Op., pag. 94, in den Einleitungsworten an den Grafen Hermann von Nenenar, dem er das Werk dedicirt.

[2]) Op., pag. 92.

tragen, was man *heute* darunter zu verstehen hat. Wie
dankbar dieser Versuch aufgenommen wurde, darüber gibt
uns ein Brief des Joh. Pflug [1]) Aufschluss. Derselbe schreibt
an Pirckheimer: Ex Topographia, quae mihi tuo nomine donata
est, magnum cepi fructum. Primum quod tua esset illa;
deinde vero, quod me domum quodammodo duceret. Nam
ante hac sic versatus sum in scriptis veterum de Germania
nostra, ut in ipsa patria peregrinari viderer. Nunc vero te
duce quibus in locis sim, video. Magnam crede mihi lucem
intulisti Tacito. . . .

b) Kritik.

Gerne pflegt man der humanistischen Geschichtschreibung nachzurühmen, dass sie es sei, die mit der *Quellenkritik*
begonnen habe. [2]) Bis zu einem gewissen Grade ist das auch
richtig, allein man darf sich darüber nicht allzugrossen
Hoffnungen hingeben. Dass sie damit begonnen hat, dass sie
sich auch nicht gescheut, die angesehensten der alten Autoren
wie Jul. Cäsar vor das Forum ihrer Kritik zu ziehen, in Fällen
wo eigene Anschauung es anders lehrte, das verdient allerdings unsere hohe Anerkennung. Aber gerade das B. S. ist
ein lehrreiches Beispiel, wie sehr man sich hüten muss, die
Quellenkritik, wie sie damals geübt wurde, zu verwechseln
mit derjenigen der modernen Geschichtswissenschaft. Es
wird dies klar werden, wenn wir die einzelnen im B. S. erzählten Ereignisse kritisch betrachten.

Wir können sagen, Pirckheimer's Quellenkritik beschränkt
sich auf diejenigen Punkte, die er durch eigene Anschauung
besser kennt als der Autor, der von ihnen spricht, sowie auf
Angaben, die seinem durch Lebenserfahrung und humanistische

---

[1]) Op., pag. 258, der Brief ist datirt vom 31. Sept. 1530.

[2]) Hagen, a. a. O., pag. 293; Horawitz, pag. 67.

Bildung geschärften Verstande unwahrscheinlich, fabelhaft
vorkommen. Nicht, dass er in solchen Fällen etwa andere,
gewichtigere Quellen zur Hand hätte und diese dann sprechen
liesse ... Vielmehr stellt er die Sache einfach als fabelhaft
hin, und man muss annehmen, dass sie gegen seine Vernunft
gegangen sei. Es ist eine ausgesprochen rationalistische
Kritik,[1] allzutief basirt sie nicht, und die Gegengründe, die
er vorbringt, sind nicht besonders stichhaltig.

Pag. 4 seines B. S. beginnt Pirckheimer, er wolle den
Ursprung und die Thaten der Eidgenossenschaft erzählen
„vetustioribus ac quae fabulis similiora sunt neglectis". Unter
dem, „was Fabeleien ähnlich sieht," ist, wie ich glaube,
weniger die Erzählung von Tell und dem Rütli zu verstehen,
woran wir zuerst denken möchten, als die vielen Wunder-
geschichten, die Etterlin — sein Gewährsmann für beinahe
Alles, wo Pirckheimer nicht selbst Augenzeuge ist — der
Darstellung seiner Geschichte einverleibt hat. Von diesen
finden wir nämlich bei Pirckheimer keine Spur. Nie wird
seine Erzählung unterbrochen durch eine abenteuerliche
Mähre von bösen „Tracken", die irgend einen Fluss herab-
geschwommen kommen oder durch die Beschreibung eines
seltsamen Mirakels, wo „am himel ein Ochssen vnd Stier
kopff gesechen ward."[2] Es ist ein nicht hoch genug zu schätzen-
des Verdienst Pirckheimer's, dass er einmal dieses Beiwerk
aus der historischen Darstellung ausgeschieden hat, um so
mehr ein Verdienst, als wie bekannt, Livius, das Vorbild aller
humanistischen Geschichtschreiber,[3] von Prodigien wimmelt,

---

[1] Man darf allerdings nie aus den Augen verlieren, dass all'
die Werke, um die es sich hier handelt, in P's spätere u. späteste
Lebenszeit fallen, so dass sich da schwer trennen lässt, was auf die
Rechnung der humanistischen Tendenzen, was auf die Rechnung des
hohen Alters zu setzen ist!

[2] Cf. Etterlin, pag. 244.

[3] Voigt, Wiederbelebung, II, pag. 495.

und hierin ein wenig nachahmenswerthes Vorbild bot. Gerade
dadurch tritt Pirckheimer recht eigentlich in characteristischen
Gegensatz zu der alten chronikartigen Erzählungsweise.

Nun kommt er auf die Sage der schwedischen Abstammung zu sprechen (Etterlin, pag. 13 und 18). Er findet
die Geschichte unwahrscheinlich, und er sagt auch warum. [1]
Constat enim, eos classe ad terram hanc advehi nequaquam
potuisse, cum longe sit a mari remota, pedibus vero quis
tantum periculi ac itineris subiret, ac per tot horridas et
bellicosas nationes incederet, ut demum in terra tam sterili,
ac coelo aspero consideret, nemo enim ideo natale solum re-
linquere assuevit, ut deteriorem occupet terram, sed ut ab
informi et cultu tristi ad pinguiorem foelicioremque com-
migret. Der Schwedische Acker sei aber viel fruchtbarer als
der den Alpen benachbarte von Schwytz.

Man wird nun verstehen, warum wir Pirckheimer's
Quellenkritik rationalistisch nannten. Es ist ja klar, dass die
Sehnsucht nach besseren Sitzen, das Verlangen nach reicheren
fruchtbareren Gegenden eine der Hauptursachen der Völker-
wanderungen war. Aber war es die einzige? Und nach
Pirckheimer verhält es sich so, als ob die Sache nur von
diesem Einen Gesichtspunkt aus betrachtet werden dürfte.
Das ganze Unternehmen erscheint im Lichte eines Geschäftes,
welches mit kühlster Reflexion unter reiflichem Abwägen von
pro und contra hätte ausgeführt werden können. Keine
Ahnung, dass solch' eine Wanderung möglicherweise entstanden
ist mit der elementaren Gewalt eines Naturtriebes, der nichts
nach Gründen fragt, ja, nicht einmal davon, dass ja noch andere
Factoren mit in Betracht fallen könnten, wozu ihn doch gerade die von Etterlin angeführte Hungersnoth, die er auf-
fallenderweise gar nicht erwähnt, nothwendig hätte führen
müssen. Immerhin ist es doch ein Gesichtspunkt, und ein

[1] B. S., pag. 4.

Gesichtspunkt, der eventuell wirklich in Betracht kommt, wenn er allein auch nicht ausreicht, um die ganze Erscheinung zu erklären.

Der Autor nimmt nicht mehr jedes Ereigniss auf Treu' und Glauben an. Statt dass er an demselben still vorübergeht, macht er vor ihm Halt, fragt sich, ist es wahrscheinlich, ist es auch nur möglich, dass die Sache so geschehen ist, und legt sich nach den geistigen Mitteln, die ihm zur Verfügung stehen, dieselbe dann zurecht. Die Skepsis hat sich in ihm geregt — und wo Zweifel ist, da ist auch Fortschritt in der Wissenschaft.

Was aber den Umstand der rationalistischen Erklärungsweise betrifft, so sind wir weit davon entfernt, Pirckheimer irgend einen Vorwurf machen zu wollen, dass er noch nicht die Quellenkritik und quellenvergleichende Methode unserer Zeit hatte. Ist es doch ein Product der allerintensivsten geistigen Anstrengung, wie es überhaupt nur in Perioden höchster Civilisation und auch da nur von Wenigen erreicht werden kann, dass bei der Darstellung der Beweggründe Anderer der Standpunkt des naiven Analogieschlusses überschritten wird. Dieses Sichhineinversetzen in die Denkweise und die Motive eines Andern oder eines vergangenen Zeitalters, was gleichsam eine Entäusserung des eigenen Ich ist, wird freilich — auch annähernd — nur von dem erreicht werden, der mit der tiefsten Kenntniss des Menschen in seinen verschiedenen Altern, Ständen, Culturepochen u. s. w. die Fähigkeit verbindet, das ausser ihm Stehende in sich aufzunehmen, sich zu eigen zu machen, mit Einem Worte, es *verstehen* zu lernen. Ist dies erreicht — und in unserer Zeit wird man dies wohl als die erste Forderung anzusehen haben, die ein Historiker erfüllen soll, oder wenigstens bestrebt sein soll, zu erfüllen — dann erst wird die Geschichtschreibung ihr schönstes Ideal erreichen: *die Gerechtigkeit.*

Doch kehren wir zu Pirckheimer's Motivirung seines Zweifels, welche uns zu diesem kleinen Excurse veranlasst hat, zurück. Sie erscheint nicht allein im B. S. Für die fast gerade entgegengesetzte Beweisführung wendet sie Pirckheimer in der Explicatio an. Um nämlich die Germanen vor dem Vorwurf zu schützen, dass sie das Land jenseits des Don und der Weichsel ehrlos aufgegeben hätten, bringt er vor, man dürfe ihnen das nicht als Fehler anrechnen, „quod tam latos amiserint seu potius reliquerint provincias, quum pro coeli inclementia arvisque sterilibus tam foelices sunt adepti regiones, veluti Gallias, Hispanias imo Italiam ipsam, ut interim de Aphrica ac quicquid in Asia populo illo auctum est, sileatur.“ [1])

Auch die anderen Sagen von der Abstammung von Hunnen und Gothen (Etterlin, pag. 13, B. S., pag. 4) nimmt er nicht unbesehen an. [2]) Wenn er hier auch nicht lange verweilt und sich in keinen weiteren Reflexionen ergeht, so klärt uns doch sein skeptisches „descendisse contendunt“ hinreichend über seine Meinung auf; und achselzuckend fährt er fort: Verum undecumque originem traxerint . . .

Nur durch Vergleichung lässt sich Unterschied erkennen. Wollen wir uns daher veranschaulichen, was schon diese leisen, kaum hörbaren Regungen der Kritik für einen Fortschritt manifestiren, so müssen wir neben Pirckheimer's Worte diejenigen seines Zeitgenossen und Gewährmannes Etterlin stellen: „Es sol ouch mengklich wissen, so stellt *er* die Sache dar, [3]) das die dry Lender, die man nempt Vri, Schwitz, vnd Vnderwalden nit einerley lütten, noch eines landes sind. Als aber ettlich da von schribent, Es syent alles Schwedier gewesen vnd habent die selben gegne die dry lender vnder einander geteylt, das wysent die waren vnd rechten historien nit, dann

---

[1]) Op., pag. 94.

[2]) Der Zweifel am ausländischen Ursprung wird auch von *Mutius* (Ulrich Hugwald: De Germanorum ritibus, moribus, legibus et omnibus gestis annis praeteritae aetatis chronica) getheilt. Sie stammen nach ihm von niemand anders ab als von den Germanen. Cf. *W. Vischer*, Sage von d. Befreiung d. Waldstädte, 1867, pag. 86.

[3]) pag. 13.

die Schwediger so man yetz nempt Switzer, sind die lesten
so in die land komen, wüssentlich das die von Vry gar vil
ältter sind, Wann Vry ist under den dryen lendern das erst
ort so in die lande kament, vnd sich da selbs in jren landen
nider gelassen hant ze wonen, Sy sind, als ich es geschriben
funden hab in einer gar nltten historien, von einem heyd-
nischen geschlechtt gewesen, die man genempt hat Göthen
vnd Hünen, die selben Göthen vnd Hünen sind mit jren
künigen hie vor vil jaren über mer komen, forchtsam (furchtbar) strittbar vnd mechtig lüt gewesen."

Die Geschichte von der Befreiung der Waldstädte —
welche der historischen Kritik des 19. Jahrhunderts so viel
zu schaffen gegeben hat, erzählt Pirckheimer in steno-
graphischer Kürze, erhebt aber nicht die geringsten Ein-
wendungen dagegen. Hunc motum ipsi longa explicant serie,
nobis autem satis erit ostendere, quibusnam initiis ad hanc
qua nunc pollent, creverint potentiam — gibt er zur Erklärung seiner nur andeutungsweisen Schilderung an. Durchaus also kein Argwohn gegen die Richtigkeit dieser
Geschichten! Es ist bei Pirckheimer, deshalb, weil er
einen berühmten Namen hat, eine genaue Kenntniss und
kritische Behandlung der von ihm nach anderen erzählten
Ereignisse durchaus noch nicht anzunehmen.[1]) Er geht, wie
wir noch sehen werden, im Gegentheil sehr unbefangen mit
den Ereignissen um; wo ihn nicht directe Anschauung und
Vernunft, oder sagen wir es deutlicher, der gesunde Menschen-
verstand eines Bessern belehren, da erzählt er ruhig weiter.
Von Quellenkritik im modernen Sinne darf also absolut nicht
gesprochen werden, und das können wir von ihm ja auch gar
nicht verlangen. Waren doch die Vorstellungen von der
Aufgabe der Historiographie damals ganz andere als heutzutage; und ist es doch schon im höchsten Grade anerkennens-

---

[1]) Wie O. Kleissener (Kleissner) glaubt thun zu dürfen. Vergl.
Dr. O. *Kleissner:* Die Quellen zur Sempacher Schlacht und die
Winkelriedsage, Gött. 1873, pag. 55.

werth, wenn er — wie dies schon die italienischen Humanisten des 15. Jahrhunderts gethan [1]) — „das wüste Fabelwerk aus der Urgeschichte" der Städte, mit dem sich die Chroniken noch herumschleppten, aus der Geschichte wegwies. Urbem Treverim a Trebera quodam Nini ac Semiramis filio conditam volunt, qui cum ab matre de stupro appellatus fuisset, illam fugiens, per Rhenum ac inde Obrincum fluvium ingressus, loci amoenitate allectus, hic constitisse, urbemque ex nomine suo erexisse fertur.[2]) Zu dieser abenteuerlichen Geschichte bemerkt Pirckheimer ganz richtig: Caesar vero ac veteres historiographi omnes nullam civitatem illo appellant nomine, sed gentem universam Trevirorum vocant.

Mit aller Entschiedenheit wendet er sich auch gegen diejenigen, welche der Ansicht sind, Vandalen und Wenden seien Ein Volk. Aus den classischen Autoren gehe klar hervor, dass die Vandalen, wie auch die Sciren, Gepiden, Alanen u. a. Gothen seien, diese aber hätten deutsch gesprochen, seien Deutsche gewesen, während die Sprache der Slaven, Wenden, Wilzen u. s. w. des gänzlichsten von der deutschen verschieden sei.[3])

Ruft er hier die Alten zu Zeugen an, so ist er doch weit entfernt, diesen immer Glauben zu schenken. Und man muss sagen, er spricht sich über diesen Punkt sehr verständig aus[4]): Die alten Deutschen führten wohl das Schwert, nicht aber die Feder, darum sind wir auf die Berichte der Fremden angewiesen. Was haben nun aber die Griechen anderes als Fabeln über Germanien geschrieben? Die Römer aber waren unsere Feinde, wie können wir von ihnen ein ungetrübtes Bild verlangen? Ja, Pirckheimer geht noch weiter, er hält

---

[1]) Jak. Burckhardt, a. a. O., 1, 288.

[2]) De origine, antiquitate et eversione atque instauratione urbis Treverensis. Op., pag. 93.

[3]) Cf. Explicatio, Op., pag. 106, u. d. Brief an B. Rhenanus, pag. 313.

[4]) Op., pag. 94.

es sogar für wahrscheinlich, dass des Plinius' Bücher über die germanischen Kriege, sowie Tacitus u. A. durch den Neid anderer Schriftsteller unterdrückt worden seien, „ne Germanorum gloria plus aequo excelleret". [1] Dazu kommt, dass viele dieser Schriftsteller gar nie im Lande selbst waren, und auch diejenigen, welche das Land wirklich angesehen haben, können noch irren. Ein sprechendes Zeugniss hiefür bietet Cäsar, der die Schelde in die Maas fliessen lässt, [2] und Strabo, welcher berichtet, dass die Lippe in die Weser einmünde. [3] Tacitus erwähnt nur zweier Rheinmündungen, jetzt aber gibt es doch drei: „Utrum igitur tertium illud Taciti tempore non fuerit, sed posteriore eruperit tempore, indagatione nequaquam indignum videtur." [4] Schliesslich — so führt Pirckheimer in seiner Betrachtung fort — schliesslich hat auch die Völkerwanderung so grosse Verwirrung angerichtet, dass viele Sachen nur als Muthmassungen, als Hypothesen können ausgesprochen werden, und die verschiedene Sprache hat bewirkt, dass die Namen der Städte und Völker vielfach corrumpirt worden sind.

Die Grundsätze, welche Pirckheimer in dieser seiner Theorie über den Werth antiker Quellen ausspricht, lassen sich zum grössten Theile recht wohl hören. Es ist im Allgemeinen ein klares und objectives Urtheil. Trotzdem bewirkte der damalige Stand der Kenntnisse, dass in der Ausführung Unbestimmtheiten, Verwechslungen und Irrthümer in Menge sich finden. Wer wollte es auch anders erwarten!

Schon damals gab die Namenähnlichkeit von Gothen und Geten den Forschern viel zu schaffen. [5] Die Hunnen sieht Pirckheimer für Germanen an, [6] von ihnen hat Oestreich

---

[1] Wer erinnert sich da nicht der Klagen des Irenicus?
[2] Es ist B. G., VI, 33.
[3] Strabo, VII, 291.
[4] Op., pag. 99.
[5] Op., pag. 313, u. Fr. Irenicus, Exegesis, cap. 15.
[6] Op., pag. 313.

und Westreich den Namen (Siquidem dum Huni rerum poti-
rentur, quidquid ad ortum possidebant, Oesterreich nominabant,
quidquid autem ad occidentem Westerreich. [1]) Von den Helvetii scheint er zu glauben, dass es die gleichen Leute seien
wie die „Suitenses et Confoederati." [2]) Von Brennus redet
er so, dass man annehmen muss, er halte ihn für einen Germanen. [3]) Was die Gothen betrifft, so existiren in Deutschland nach Pirckheimer noch zwei Völkerschaften, welche von
ihnen abstammen: die Scyren „qui et nunc quoque Stirii vel
Stirenses appellantur" und die Turcilingen, das heisst die
Thüringer. [4]) Dagegen hält er mit mehr Recht, wenigstens
wird es im Allgemeinen bis auf den heutigen Tag noch so an-
genommen, die Sigambrer für Franken, und er spottet über
die gallischen Schriftsteller, welche sie für Trojaner halten. [5])

Ueber die Slaven, von deren Geschichte er irgend
welch' nähere Kunde muss gehabt haben, spricht er ziemlich
umständlich. Bedeutsam ist das Urtheil, das er über ihre
Zukunft gefällt hat. Nachdem er erzählt, wie sie nach den
Wanderungen der Deutschen von zahllosen Ländern Besitz
ergreifen, fährt er fort: [6]) Quod si eisdem artibus, quibus
regna parantur, etiam conservarentur, procul dubio omnium
gentium essent potentissimi. Verum quemadmodum homines,
civitates, regna et nationes sua habent initia ac incrementa,
ita etiam, cum ad fatalem deveniunt periodum, rursus decrescere
et pessum ire incipiunt, quoad tandem penitus deficiant ac
evanescant. Nihil enim in hac mundana machina firmum aut
perpetuo stabile esse potest. [7]) Pirckheimer irrte, als er diese

---

[1]) Op., pag. 97.
[2]) Op., pag. 97.
[3]) Op., pag. 313.
[4]) Op., pag. 106.
[5]) Op., pag. 100.
[6]) Op., pag. 107.
[7]) Aehnlich lautet die Reflexion, wo er über die deutschen
Städterepubliken spricht. Op., pag. 201.

Worte schrieb, aber wie hätte er ahnen können, dass einst
ein Peter der Grosse über das Reich der Russen herrschen
würde! Seine Reflexion als *solche* ist jedoch bedeutsam, sie
lässt uns einen tiefen Einblick thun in die Weltanschauung
des Mannes. Es ist eine resignationsvolle Weltanschauung,
sie spricht dasselbe aus, was das allberühmte Wort des
Thukydides,[1] welches dieser dem Perikles in den Mund
legt: *Πάντα γὰρ πέφυκε καὶ ἐλαττοῦσθαι.*

c) Sprachliches.

Im 13. Capitel des 2. Buches seiner Gesta Friderici[2]
erzählt *Otto von Freising*, wie fern aus Scanzia kommend,
unter Alboyn Barbaren (barbarorum vero incursionibus) das
italische Land besetzt hätten. Nach und nach aber sei ihre
barbarische Sitte verschwunden (barbaricae deposito feritatis
rancore), römische Feinheit in Sprache und Umgang habe begonnen zu herrschen. In der Einrichtung der Gemeinwesen
habe man die Römer zum Vorbild genommen, so dass ihre
Städte an Macht und Reichthum über denen des ganzen Erd-
kreises stünden. „Nur in Einem Punkte haben sie, des alten
Adels vergessend — die Spuren des barbarischen Bodensatzes
noch beibehalten: barbaricae fecis retinent vestigia...“

Welch' ein Unterschied der Anschauungen! Hier das
volle Bewusstsein der römischen Cultur, die Langobarden das
barbarisirende culturfeindliche Element, das erst wieder zu
jener muss herangebildet werden, und was von Schlaken noch
übrig bleibt, ist ein Ueberrest ihrer barbarischen Herkunft
(barbaricae fecis); — bei den Humanisten der ungemessene
Jubel, Langobarden und alle jene Völker als deutsche
Stammesgenossen begrüssen zu können, durch ihre Thaten

[1] II, 64.
[2] Mon. G., XX, pag. 396.

sich selbst zu erhöhen! Was nur dereinst gegen Rom sich aufgemacht hat und diesem Niederlagen beibrachte, wird freudig willkommen geheissen, reicht man doch ohne Zögern selbst Alanen und Hunnen die Bruderhand.

Wie seltsam aber muthet uns dieses Schauspiel an — der ganze Jubel des deutschen Hochgefühls *im Gewande der lateinischen Sprache* .... Kriegsthaten, Erfindung von Kanonen, Erfindung der Buchdruckerkunst, Werke von Gelehrten und Künstlern. Errungenschaften des Gewerbes führt man rühmend auf, wenn man der Deutschen schönste Güter denen der andern Nationen gegenüberstellt; woran man nicht dachte, das war das köstlichste Gut jeder Nation: die Muttersprache. Erwidere man nicht, es sei eine unbillige Forderung, dies von Humanisten zu verlangen. Wir haben gesehen, wie neben der klassischen Welt die deutsche es ist, welche den ganzen Ideenkreis der Humanisten erfüllt. Dass hiebei — eine ungestörte Entwicklung des Humanismus vorausgesetzt — das volksstolze Bewusstsein im Verlauf der Zeit sich nicht auch noch der deutschen *Sprache* sollte zugewendet haben, das ist doch geradezu undenkbar. Melden sich doch die Anfänge dieser Anschauung gleich beim Beginn der Reformation. Hutten „wirft das Visier der lateinischen Sprache ab" [1]) und spricht zum Volk in dessen eigener Sprache; Pirekheimer beginnt gegen Ende seines Lebens römische und griechische Klassiker in's Deutsche zu übertragen, um zu beweisen, wie unrichtig die Meinung Derer sei, welche dies für unmöglich hielten, [2]) Bebel sammelt deutsche Volkslieder und Sprüchwörter, die er freilich noch lateinisch edirt, [3]) Beatus Rhenanus bringt Proben aus Otfrids Krist und sein Schüler Lazius entdeckt das Nibelungenlied. Und wir dürfen nicht vergessen, hier auf die hohen Verdienste aufmerksam zu

---

[1]) Thausing, a. a. O., pag. 451.
[2]) Op., pag. 15.
[3]) Geiger, D. B., II, pag. 198.

5

machen, welche Maximilian sich um die alte deutsche Literatur erworben hat. Maximilian stand, wie wir wissen, in so
engem und andauernden Verkehr mit den Humanisten, dass
wir ihn wohl selbst als einen solchen betrachten dürfen. Aus
mittelhochdeutschen Werken liess er sich Abschriften nehmen,
die Kudrun verdankt vielleicht ihm allein ihre Erhaltung. [1]

Diese wenigen Thatsachen lassen uns einen Ausblick
thun, wie es hätte kommen mögen, wenn der humanistischen
Richtung in Deutschland eine Periode ruhiger Entwicklung
zu Theil geworden wäre. [2] Die Zeitgenossen Pirckheimer's
blieben freilich, wie dieser selbst dem Lateinischen treu, soweit sie nicht in den Tageskampf für oder gegen die Reformation eintraten.

Nun fragt es sich aber auch, ganz abgesehen von der
Dissonanz mit den patriotischen Gefühlen, wie weit für den
Geschichtschreiber die Anwendung eines fremden Idioms
gehen kann, ohne dass für seine Darstellung die bedenklichsten
Nachtheile entstehen.

In der Kunstgeschichte sehen wir, wie gewisse Motive
von einem Material auf das andere übertragen, hiebei bestimmte feste Wandlungen erleiden, Wandlungen, die bedingt
sind durch die Natur des neuen Materials, auf welches jene
Motive übertragen werden. [3] Aehnlich ist der Process in der
Geschichtschreibung, welche ja, und mit grossem Recht, auch
schon eine „Kunst" genannt worden ist. Dem künstlerischen
Motiv ist der Inhalt, dem Material die Sprache, in die jener

----

[1] *Koberstein*, Deutsche Nat.-Literatur⁵, ed. Bartsch, pag. 266
und 201.

[2] Dabei bliebe dann einer besondern Untersuchung anheim-
gestellt, was die grossartige Kraft der *Luther'schen Bibel-Ueber-
setzung* auf die Weckung des Sprachbewusstseins für einen Einfluss
muss ausgeübt haben.

[3] Ich kann hier nur kurz auf die grossartige Behandlung hinweisen, die diesem Punkte in *Semper's* bekanntem Werke zu
Theil wird.

gekleidet wird, zu vergleichen. Man lasse Jemanden ein und dasselbe Thema in zwei verschiedenen Sprachen erzählen, und man sehe zu, was sich für Unterschiede ergeben.

Wie verhält es sich nun bei Pirckheimer mit dem lateinischen Sprachgebrauch? Sollten wir nicht als weitaus das Wahrscheinlichere erwarten dürfen, dass ein Mann wie Pirckheimer gerade in dieser Sprache sich am Klarsten und Gewandtesten ausdrückte, er, der schon als Student seinem Vater nur lateinisch schrieb, der auf den beiden Hochschulen die vollkommenste humanistische Bildung erhielt, er, dessen ganze, grosse Correspondenz ausschliesslich lateinisch geführt wurde, dessen Hauptruhm unter den Gelehrten s Z. in den Uebersetzungen aus dem Griechischen in's Lateinische bestand. Mit der Sprache einer Nation ist auch bis zu gewissem Grade der Geist derselben verknüpft. Sollten wir daher nicht auch annehmen, dass seine Anschauung, seine Denkweise eine der antiken ähnliche geworden wäre? Ja und nein. Dass wer so wie die Humanisten in den Alten lebt, aus ihnen seine hauptsächliche geistige Nahrung schöpft, ihnen die Hauptzeit seines Lebens widmet, der muss nothwendig sich auch einen Theil ihrer Denkweise aneignen; er muss ferner dazu kommen, dass er viele Dinge in der Sprache dieser Welt geläufiger auszudrücken vermag als in seiner Muttersprache, wo er sich gleichsam die Sprache zu seinen Ideenkreisen erst schaffen müsste. Andrerseits aber sind es Menschen des 16. Jahrhunderts, die mit ihrem ganzen Fühlen, Wollen und Denken ihrer Zeit angehören, und das ausschliesslichste Studium der Alten kann sie nicht mehr zu Griechen und Römern machen. So wird nothwendigerweise eine Assimilation entstehen, ein Gewebe, in welchem zu dem Zeddel des Volksthümlich-Gleichzeitigen der Einschlag antikclassischer Ideen tritt. Doch nie wird diese Vereinigung eine harmonische sein, solang die *Muttersprache* nicht im Stande ist, die Form abzugeben für die wissenschaftliche (und dichterische) Betrachtung jeglichen Inhaltes. Der Humanismus war eine Uebergangsstufe, aber heute ist die Kluft überbrückt, eine Menge wissenschaftlicher Werke, zumal aus der

Geschichtswissenschaft, gehören zu den besten Schätzen unserer Nationalliteratur.

Dieser Herrschaft des Lateinischen wäre etwa die Herrschaft des Griechischen im römischen Imperium zu vergleichen. Aber auch in der neuern Zeit findet sich eine interessante Parallele. Es ist die Erhebung des Französischen zur allgemeinen Conversationssprache, wie sie seit dem sogenannten Zeitalter Ludwig's XIV. stattgefunden hat. Wie dieses classicistische Französisch, und mit ihm verbunden auch der „esprit classique" für lange Zeit Frankreich selber seinen Stempel aufgedrückt hat, zeigt uns Taine in seinem monumentalen Werke über die französische Revolution. [1])

Um auf Pirckheimer zurückzukommen, müssen wir von Neuem daran erinnern, dass nur die Hälfte seines Mannesalters dem Humanismus angehört, dass speciell die historischen Schriften in seine spätesten Jahre fallen — die andere Hälfte hatte er dem Wohle der Vaterstadt gewidmet. Er war nicht nur Gelehrter, er war auch Staatsmann, und als solcher musste er die Interessen seiner Zeit studiren und die Sprache des Volkes reden. Wie markig und schön er diese zu handhaben verstand, davon gibt uns der schon oft citirte Brief an Tscherste -- der doch auch in seine letzten Jahre fällt — den vollgültigsten Beweis. Dies Deutsch ist von einer solchen Kraft und Frische, schmiegt sich so gut jedem Gedanken, den er aussprechen will, an, dass wir in mehr als einer Beziehung wünschen möchten, das B. S. wäre deutsch abgefasst. Doch antike Werke waren seine Vorbilder, der Zug der Zeit brachte es mit sich, es ist ein echtes Werk des Humanismus, darum lassen wir unsere Wünsche und seien froh, dass wir das Büchlein überhaupt haben.

---

[1]) *H. Taine*, L'ancien régime, pag. 241. Vergl. dann namentlich das, was Taine spec. über die Sprache des „esprit classique" sagt, pag. 244—251, da es geradezu auffallend ist, in wie manchen Punkten der Stil des classicistischen Französisch übereinstimmt mit dem des hum. Lateins.

Das Latein, in welchem es abgefasst ist, besitzt hohe
Klarheit, Eleganz und Durchsichtigkeit, und wenn auch hie
und da unclassische Stellen vorkommen, wie z. B. populariter
in der Bedeutung: das ganze Volk (populariter egressi sunt),
welches er offenbar nach Analogie des griechischen πανδημεὶ so
braucht;[1]) wenn er mitunter für seinen Wortschatz auch An-
lehen macht bei Schriftstellern, die nicht der goldenen Latinität
angehören, und Worte braucht in einer Bedeutung, die sie
im classischen Latein überhaupt nicht hatten (wie villa für
Dorf,[2]) statt vicus. foederatio, pag. 38, etc.), so sind als seine
Vorbilder dennoch die römischen Historiker der Blüthezeit
anzusehen. Stilistisch hat natürlich auch Cicero eingewirkt.
An ein bestimmtes einzelnes Vorbild wird man kaum zu
denken haben; bei der grossen Belesenheit Pirckheimer's in
den Alten ist dies auch schon an sich unwahrscheinlich, doch
finden sich deutliche Anklänge an Sallust, Livius und Curtius.

Liest man nun aufmerkend eine Zeit lang ununter-
brochen fort, so wird einen unabwendbar das Gefühl be-
schleichen, dass dieses Latein trotz seiner Klarheit, trotz
seiner angestrebten und auch bis zu einem gewissen Grade
erreichten Classicität des Ausdruckes eben doch nur ein
fremder Nothbehelf ist. Eine organische Verschmelzung von
Wort und Gedanken findet nicht statt, zahlreich sich wieder-
holende stereotype Phrasen treten auf, der frische, originale
Ton fehlt, und wir missen auch die feinen bezeichnenden
Nüancen, die wir von einem gebildeten Schriftsteller in erster
Linie zu verlangen berechtigt sind. Gestehen wir es offen,
Pirckheimer's Stil im B. S. ist zum grossen Theile Mosaik-
gemälde — das wird die Sache am Besten characterisiren.
Doch sei gleich hier bemerkt, dass dieser Tadel diejenigen

---

[1]) Es ist Herr Prof. J. Wackernagel, der die Güte hatte,
mich hierauf aufmerksam zu machen. Das „populariter" in dieser
Bedeutung findet sich B. S., pag. 4, 14, 19, 27, 53, 64.

[2]) B. S., pag. 89.

Partien, in denen Selbsterlebtes erzählt wird, beinahe gar
nicht trifft. Es ist, wie wenn sich mit der in diesen Capiteln
grösser werdenden Lebendigkeit und Anschaulichkeit seines
Vorstellens auch sein Sprachvermögen gesteigert hätte. Aber
sonst, namentlich im 1. Buch, kehren zu unzähligen Malen
gleiche oder ähnliche Wendungen und Ausdrücke wieder.
Eine bestimmte abgegrenzte Phraseologie breitet sich wie ein
Spinnengewebe über das Ganze aus und verleiht demselben
einen nicht wegzuschaffenden Zug von Senilität, Leblosigkeit.
Es fehlt der originale Stil und über der glatten Eleganz des
Ausdruckes verkümmert das „Sinnliche" der Sprache, welches
dieser allein Kraft, Leben, Jugendfrische, Anschaulichkeit
verleihen kann. Es ist eine Sterilität des Ausdrucks, die
uns keinen Augenblick ohne Argwohn lässt, ob wir dem
Worte auch glauben dürfen, ob es sich wirklich auch deckt
mit dem, was es besagen will oder ob es nur hingesetzt
wurde, weil Pirckheimer zufällig keine andere Wendung
einfiel oder gar nur, weil es sich an dieser Stelle gut aus-
nehmen möchte.

So kommen wir allmählich — ganz abgesehen von dem
ästhetischen Eindruck — auf die Frage, wie man vom rein
kritisch-historischen Standpunkt aus über eine solche Stilisirung urtheilen muss. Nicht nur, dass bei solch' stereotypen
Phrasen eine allgemeine Unsicherheit in die Bedeutung des
Erzählten kommen muss, dieselben lassen uns auch weiter
schliessen, dass es dem Verfasser der Zeilen gar nicht an
minutiöser Genauigkeit, wie sie bei unseren Historikern
gefordert wird, gelegen haben kann. Wir müssen es
uns immer und immer wieder sagen, dass sich die damaligen Geschichtschreiber, vor Allem die humanistischen,
mit ihren Werken ganz andere Zwecke verfolgten als einen
bis in's Kleinste fixirten Ausbau historischer Wahrheiten,
wie die Geschichts*wissenschaft* unserer Tage. Nichts irriger,
als bei jeder kleinen Angabe, die nicht mit den Angaben
anderer Autoren übereinstimmt, irgend welche tiefere Bedeutung suchen. Ist doch selbst über die Schreibweise des
„schweizerischen Herodot", Gilg Tschudi's, welcher freilich in

der Geschichtschreibung eine ganz andere Richtung vertritt als
Pirckheimer, gesagt worden, dass sie so sei, „wie man sie heutzutage dem Verfasser eines historischen Romans, nicht aber
dem Geschichtschreiber gestatten würde." [1] Ja selbst bei
den italienischen Humanisten „wie unablässig plagt den Leser
die Ahnung, dass zwischen den livianischen und den cäsari-
schen Phrasen eines Facius, Sabellicus Folieta, Senarega,
Platina, Bembo und selbst eines Giovio die beste individuelle
und locale Farbe, das Interesse am vollen wirklichen Hergang Noth gelitten habe." [2]

Wenn wir bei Pirckheimer von einer bestimmten ab-
gegrenzten Phraseologie sprechen, die seinem Werke oft den
Eindruck eines Mosaikbildes verleihe, so fehlt es uns, um
diesen Satz zu beweisen, an Beispielen nicht.   In mehr oder
weniger grosser Anzahl kehren ungefähr folgende Wendungen
immer wieder: Fit praelium ingens oder atrox — acre praelium, auch atrox dimicatio (z. B. pag. 7, 10, 12, 18, 24,
29 u. s w.); das schon erwähnte populariter egressi sunt;
aperto bello oder Marte (z. B. pag. 8, 9, 14, 37 u. s. w.);
innumeris afficere injuriis oder die Variante: intolerandis
gravari injuriis oder multis vexare injuriis (z. B. pag. 5, 12,
20, 37, 39); ad hostes tendunt (pag. 6, 7, 23, 27 etc.);
hostem in conspectu habere (pag. 7, 12, 23 etc.); clades hinc
inde illatae et acceptae (pag. 9, 17, 18, 37); res aleae com-
mittere (pag. 22, 40, 77); pag. 5: motum, priusquam latius
serperet; pag. 13: ne latius haec contagia serperent; laxatis
habenis (pag. 7, 10 etc.); nullum nec juris nec aequitatis
locum esse (pag. 6, 39); acceptas (ulcisici) vendicare injurias
(ob acceptas injurias) (pag. 5, 19, 39, 66); ne tamen a pristinis degenerarent moribus (pag. 6, 20); implorant auxilium
(pag. 12, 14, 32, 49); suppetias ferre (pag. 11, 41, 49): in

---

[1] *W. Vischer,* a. a. O. pag. 133.

[2] Jak. Burckhardt, a. a. O., I, pag. 285.

pacatum abire (pag. 16, 31); orant pariter abque obtestantur; in ordinem redactus (pag. 33, 43, 54, 59); vor Allem aber ist es das „structis ordinibus" (zur Abwechslung auch ordinibus servatis), welches ihm nur so in die Feder gefahren sein muss. Es brauchen diese und ähnliche Phrasen sich gar nicht einmal allzuhäufig zu wiederholen, so erhält man doch schon allein durch das Gefühl, dass dieselben als Ganzes aus anderen, classischen Autoren herübergenommen sind, den Eindruck der Incongruenz, des Unvermögens sprachlicher Ausdrucksfähigkeit. Dieser Eindruck wird noch verstärkt, wenn wir sehen, wie sich oft ganze lange Sätze wiederholen. Von der Haltung Herzog Leopold's bei Sempach sagt Pirckheimer: Interim Dux pugnantes hortari, nunc precando, nunc castigando accendere... [1]), von derjenigen Karl's des Kühnen bei Granson: Dux vero suos pugnantes hortando manifesta etiam subibat pericula, fugientes nunc castigando, nunc precando ad pugnam revocare nitebatur. [2])

1515 schrieb er im Dedicationsbrief [3]) seine Uebersetzung des Lucian'schen „De conscribenda historia" an Maximilian: ... *tam equestribus quam pedestribus universis praefuerim ac imperarerim.* Man sollte denken, Pirckheimer, der Zeit seines Lebens Latein geschrieben, könnte dies auch noch anders ausdrücken, wenn er an einer andern Stelle hierauf zu sprechen kommt. Aber B. S., pag. 3 heisst es wörtlich: cum in hoc bello *non parvis copiis tam equestribus quam pedestribus praefuerim ac imperaverim.*

Am Auffallendsten aber erscheint diese Ausdrucksweise bei den Kundgebungen über den Mangel alter Autoren. Mit geringer Variation erscheint da immer wieder dieselbe Wendung. — In der Explicatio schreibt er [4]): Quid enim

[1]) B. S., pag. 10.
[2]) B. S., pag. 25.
[3]) Op., pag. 51.
[4]) Op., pag. 94.

absurdius quam Germanos describere universum, patriam tamen
interim propriam nequaquam *ex oblivionis vindicare barathro?*
In dem Brief an Beatus Rhenanus '): Tibi igitur non solum
Germania nostra, sed et omnes eruditi, praecipue vero Germani plurimum debent, quoniam communem patriam ac omne
Germanicum nomen non solum exornasti, *sed et ab oblivionis
injuria vindicasti* . . . Und im B. S.²): Quapropter — Germa-
norum — facta clarissima — aut minus digne -- tradita sunt,
aut magna ex parte *sempiterna oblivione sepulta jacent* . . . Der
Schluss eben dieses Satzes lautet: *ut interim sileatur quid in
Asia, quid in Africa a Germaniae stirpis hominibus gestum sit.*
Die Stelle in der Explicatio haben wir andern Orts schon an-
geführt, wo es heisst: *ut interim de Aphrica ac quicquid in
Asia a populo illo auctum est, sileatur.* Die Zahl solcher
Beispiele liesse sich noch vermehren, indessen müssen wir
wiederholen, dass mit der Darstellung des Selbsterlebten im
B. S. wie der ganze Ton auch der Stil ein anderer wird.

Es ist bekannt, dass mittelalterliche Geschichtschreiber oft
halbe Schlacht- und Belagerungsscenen wörtlich aus Josephus
oder sonst einem der Alten herübernehmen. Das thut nun wohl
Pirckheimer nicht, allein, wenn man in seiner Schilderung von
speculatores, tribuni ac centuriones (pag. 61) liest, wenn man
liest, wie die equites laxatis habenis und infestis cuspidibus
hervorbrechen, so kommt ein Anachronismus des Colorits durch
diese und ähnliche Worte in die Darstellung, der mit strenger
historischer Wahrheit ebenfalls nicht mehr verträglich ist.

An früherer Stelle haben wir schon erwähnt, dass die
grosse durchgehende Hauptquelle Pirckheimer's Petermann
Etterlin ist. Da gewährt es denn ein Schauspiel von aller-
höchstem Interesse, zu sehen, wie ein und dasselbe Thema
sich verschieden ausnimmt, in dem kräftig individualistischen

-- --

¹) Op., pag. 313.
²) pag. 2.

Stil des Luzerner Gerichtschreibers einerseits, in dem eleganten
Latein Pirckheimer's andererseits. Welche Veränderung!
Man hat das Gefühl, wie wenn die erzählten Geschichten
durch Pirckheimer's Uebertragung in das elegante Gelehrten-
latein salon- und hoffähig gemacht worden wären. Aber wie-
viel geht dabei verloren! Was volksthümlich naiv — mitunter vielleicht auch volksthümlich grob — was von original
plastischer Ausdruckskraft ist, das Alles erhält bei diesem
Umwandlungsprozess den Abschied.

Geben wir einige erläuternde Beispiele: pag. 52 schreibt
Pirckheimer Verum Theodericus ille qui paulo ante magnam
prae se tulerat arrogantiam. Bei Etterlin an entsprechender
Stelle (pag. 240) heisst es: vnd in sunderheit der von
Bluomenegk, der die Eidgenossen lebendig essen wolt. Wie-
viel frischer und anschaulicher klingt das, als das matte farblose magnam prae se ferre arrogantiam! Sodann weiter an
gleicher Stelle: At reliqui, cum amisso Duce se proditos esse
intelligerent, et ipsi quoque cum hoste pepigere, ut impetrata
salute, emitterentur. Introducti igitur Helvetii, universos
equites armis ac vestimentis spoliant, sicque dimittunt ...
bei Etterlin: Do begertten sy genaden, vnd gabent sich vff,
vff genad. Also erzöugtent die Eidgenossen jnen barm-
hertzigkeit, vnd nament etwa mengen Edelman gefangen, die
übrigen zoch man nackent vss biss in die hembdly, do gab
man yegklichem ein stecken in sin Hand, vnd liess man sy
faren. O we wie wenig sy sölich den Eidgenossen tan
hettent ... Wie sticht von den academisch gemessenen Worten
Pirckheimer's die naiv frische Darstellung Etterlin's ab!

Ueber die Belagerung von Nancy, zu der Karl schritt,
„da mit er die Eidgenossen vss jrem nāst wyt bringen
möcht," schreibt Etterlin (pag. 212): vnd nötget die lütt
darinne so fast mit stürmen, geschützen, vnd sunderlich von
Hungers nott, das sy in der Statt muosten Ross, ratzen, müss
vnd andere vnreine Tier, ouch wenig Brotz vnd Winss darin
essen vnd drincken ... Pirckheimer macht aus dieser leben-
digen Schilderung: Burgundus ... haudquaquam Veris ex-

pectato tempore, sed media hyeme Nansejum obsedit, illud-
que acerrime expugnare est adortus.[1])

Von der burgundischen Beute nach dem Tag von
Murten sagt Etterlin: Es was aber ein kinden spil vnd
bettelwerck gegen dem guot so zuo Granson gewunnen ward
(210). Pirckheimer, den hier wie in unzähligen andern Fällen
seine Phraseologie geradezu zu Unrichtigkeiten verleitet:
Conversi sunt (ad diripienda) castra, quae omni referta erant
opulentia.[2])

Wenn Etterlin vom Schlachttag von Murten erzählt,
vnd regnot also vast, gelicher wise, als ob es niemer vffhören
wölt,[3]) sagt Pirckheimer prosaisch kurz: Quum vehementer
plueret:[4]) wenn Etterlin von den Sundgauern, Breisgauern,
Rheinfeldern, Laufenburgern u. s. w. meldet, dass sie beim
Treffen am Bruderholz so geflohen seien, das man domalen
meynt, wo ein hölle offen gestanden, das sy daryn geloffen
werent, dann mit louffen zuom zyl warent sy vff das mal
der Eidgenossen knechten meister,[5]) sagt Pirckheimer: quoad
tandem omnes in fugam versi sunt[6]) und so gehts fort.
Dieser Verlust des warmen bildlichen Ausdruckes rührt nicht
etwa, wie man wohl auch vermuthen dürfte, davon her, dass
Pirckheimer über diese dem Schwabenkrieg vorausgehenden
Ereignisse nur kurz referiren wollte, denn an zahllosen Stellen
erscheinen Ausmalungen und Erweiterungen, die absolut nicht

[1]) B. S., pag. 32.

[2]) B. S., pag. 31.

[3]) E., pag. 208.

[4]) B. S., pag. 27.

[5]) E., pag. 235. Das Bild ist aus *N. Schradin* genommen,
cf. Der Schwabenkrieg vom Jahr 1499, besungen in teutschen
Reimen durch Nikolaus Schradin, Schreiber zu Lucern, 1500, abgedr.
Geschichtsfreund, IV, 1847, z. S. 24.

[6]) B. S., pag. 48.

nöthig wären. Wir werden hierauf zu sprechen kommen,
wenn es sich darum zu handeln hat, die einzelnen Erzählungen
auf ihre historische Richtigkeit zu prüfen.

Wir wollen uns von dieser Betrachtung nicht wegwenden,
ohne vorher noch demjenigen Manne das Wort darüber gegeben zu haben, welcher tiefer in die geheimnissvolle Natur
der Sprache eingedrungen ist, als irgend einer unserer Zeit.
In seiner herrlichen Abhandlung über „Schule, Universität
und Akademie" kommt nämlich *Jakob Grimm* auch auf den
Gebrauch der lateinischen Sprache zu reden, und da spricht
er sich in seiner bekannten sinnigen Weise so darüber aus: [1]
Ich lese lateinisch geschriebene reden lebender gelehrten
mit der empfindung, dass keine andere zunge der erde sich
zu so bemessenem, gedrungenem wollautendem ausdruck her-
gäbe, dass nirgend sonst so anständig, reingewaschen und
wolgefällig einhergeschritten werden könnte; doch zugleich
auch mit dem gefühl, gewisse stellen und wendungen würde
die heimische immer mit grösserer wärme und wahrheit aus-
statten, weil sie bei jedem zug sich ihrer lebendiger bewust
bleibt und dies bewusstsein in anwendung eines fremden Idioms
unausbleiblich sich erkältet. ein heutzutage latein schreibender
oder redender ist in gefahr, gerade da aus dem ton zu fallen,
wo ihm die sichtbarste fülle classischer redensarten fliesst und
zu gebot steht "

Was Grimm hier ganz allgemein von der Anwendung
der lateinischen Sprache aussagt, das finden wir bei Pirckheimer in jeder Weise bestätigt.

d) Etymologieen.

Haben wir schon oft Gelegenheit gehabt, die Einflüsse
des italienischen Humanismus auf den deutschen zu betonen,
so müssen wir hier, wo wir über Sprachliches handeln, von

---

[1] J. Grimm, Kleinere Schriften, 1, pag. 232.

neuem auf einen solchen aufmerksam machen. Es betrifft das mit der gesteigerten Kenntniss der alten Sprachen zusammenhängende Streben, die geographischen Namen, die man vorbringt, auch etymologisch zu erklären. Wenn diese Tendenz nicht selten — so z. B. bei Fabri [1]) zu allerlei Spielereien oder auch abenteuerlichen Hypothesen führte, so darf doch nicht verkannt werden, dass sie auf's engste zusammen hängt mit der Verallgemeinerung des wissenschaftlichen Interesses, wie dieselbe als charakteristisches Moment des Humanismus überall uns entgegentritt. Wie man sich jetzt für eine Menge von Sachen interessirt, die früher kaum betrachtet worden waren, so interessirt man sich auch unter anderem für die Bezeichnungen, man will wissen, wie die Stadt oder das Land, von dem man spricht, zu seinem Namen gekommen ist. So finden wir es bei Enea Silvio, [2]) und er wird hierin nicht der einzige italienische Humanist gewesen sein — so bei zahlreichen deutschen Jüngern des Humanismus.

Pirckheimer wendet die Etymologie mit mehr Vorsicht an als mancher andere, er mochte fühlen, dass seine Zeit den Schlüssel zu dieser Erkenntniss noch nicht besass. „Nürnberg", das ihm natürlich am nächsten lag, leitet er — und ganz richtig -- von Noricum ab, [3]) wie es die heutige Forschung auch thut. [4]) Dagegen fällt er bei der Erklärung

---

[1]) Goldast, a. a. O., pag. 47: in villa quam nominant Theutonici *Dunoweschingen, latine Danubii lotio* quia ibi primo desub petra erumpens abstergit terram.
pag. 54: *Alemania* dicta est a Lemano lacu — oder a copia alimentorum: quasi alimenta habens immania ... Alii dicunt quod ab Alania provincia dicatur Alemania.
pag. 55: *Germania* a germinando et immania, vel a gero et magno, quia gerit terra illa magnas et immanes nationes.
[2]) Voigt, E. Silvio, II, pag. 307.
[3]) Op., pag. 110.
[4]) Cf. *E. Förstemann*, Altdeutsches Namenbuch, II[2], 1872, pag. 1162.

des Wortes Ergau, d. h. „Aargau" in einen Irrthum. Offenbar verleitet durch Etterlin's Schreibung „Ergow", meint er,
es komme von Ehre: totam provinciam quae ob honoratam
et copiosam Nobilitatem Ergau (hoc est honoratus pagus)
appellatur. [1] *Glarean* in seiner Descriptio Helvetiae [2] gibt
ganz die richtige Ableitung an:

Pars haec Helvetiae fluvii cognomina servat,

allein schon im folgenden Werke wird die andere, die auch
Pirckheimer vertritt, wenigstens angedeutet:

Heroum tellus et adunci vulturis arces

und der das Gedicht commentirende *Myconius* macht dazu die
Bemerkung: Interpretatio ejus quod nos dicimus Herogea. Multi
enim sunt qui existimant Heroum tellurem Hergew vocitatam
propter Duces, comites barones et nobiles absque numero, qui
eam terram inhabitarunt. Richtiger und wichtiger ist jedoch
das, was er über das vielumstrittene Wort „*Landsknecht*"
mittheilt. Wird doch *seine* Deutung geradezu als eines der
stärksten Argumente von denen angeführt, welche für die
Schreibart „Landesknecht" eintreten. [3] Nachdem er erzählt,
dass die deutschen Krieger, weil sie die Bewaffnung der
Schweizer annehmen, zuerst ebenfalls „Schweizer" genannt
worden seien, fährt er fort: [4] quoad tandem ob Helvetiorum
odium, provincialium militum nomen, hoc est Landtsknecht
emergere et celebre esse coepit. Diese Schreibart ist in der
That neuerdings von den meisten Gelehrten derjenigen,
welche das Wort von Lanze ableitet, vorgezogen worden. [5]

_____

[1] B. S., pag. 15.

[2] Thesaurus Hist. Helv., Descr., pag. 12.

[3] Ulmann, pag. 856.

[4] B. S., pag. 35.

[5] Vergl. *Grimm's* Deutsches Wörterbuch, VI (bearbeitet von
M. Heyne), pag. 137 u. Ulmann, a. a. O.; dazu *Rüstow*, Gesch.
der Infanterie, I, 203. Wir waren anfänglich nicht sicher, zu
welcher der beiden Ableitungen wir uns halten sollten. Die Schreibweise

c) Pirckheimer's specielle Verdienste.

Zwei Ideale waren es vor allem, welche, wie wir gesehen haben, den deutschen Humanismus erfüllen, das eine
war, der Mitwelt das classische Alterthum, das andere, die
deutsche Vergangenheit wieder zu schenken. Auch für das
letztere allein gab die deutsche Geschichte nur den Inhalt
her, die Form der Darstellung lieferte das Alterthum, sei es
direct, sei es durch das Medium des italienischen Humanismus.
In die lateinische Cultursprache wurde die Erzählung der

„Lanzknecht" schien uns deshalb nicht von vornenherein zu ver-
werfen, weil wir nicht glaubten, dass schon in den 80er Jahren,
da der Name aufgekommen sein muss, der Gegensatz von Schweizern
und Deutschen so ausgeprägt bestanden habe, dass er zur characteristischen trennenden Bezeichnung zwischen den Kriegern der beiden
Länder hätte führen können. Sodann schien uns auch die characteristische neue Waffe, die sarissa, wie P. sie nennt, der lange Spiess
gar nicht so ungeeignet, der ganzen Truppe den Namen gegeben zu
haben. Es wäre die Bezeichnung in diesem Falle ein Analogon zum
griech. δορύφοροι gewesen. Erst wenn man die damaligen Holz-
schnitte eines Burgkmair, Holbein u. A. betrachtet, sieht man, was
diese Waffe für ein hervorstechendes Merkmal der Leute war. Aus
zwei Gründen jedoch haben wir uns — abgesehen vom Zeugniss P's
— für die andere Deutung entschieden: 1) einmal ist in der Stelle
der Eidg., Abschn. III, 1, pag. 250 (v. 9. October 1486), wo der
Ausdruck zum ersten Mal urkundlich vorkommt (Ulmann, pag. 852),
der Gegensatz von Schweizerischen Knechten und Schwäbischen, sowie andern Landsknechten ganz evident ausgeprägt. („Die Boten
sollen sich über die Schimpfreden des Gächuff und seine fortwähren-
den Anwerbungen eidgenössischer Knechte berathen. So soll derselbe
u. A. auch geäussert haben, er wolle die schwäbischen und anderen
Landsknechte dermassen ausrüsten und unterrichten, dass einer derselben mehr werth sei als zwei Eidgenossen") 2) Würden die Landsknechte, wenn sie wirklich den Namen nach der sarissa erhalten
hätten, viel eher Pikenknechte genannt worden sein, analog dem
spätern Pikeniere und Musketiere (vergl. hierüber G. Droysen,
„Beiträge zur Geschichte des Militärwesens in Deutschland während
der Epoche des dreissigjährigen Krieges", Müller's Ztschrft. f. Kultur-

deutschen Geschichte gekleidet. Dann haben wir gesehen,
wie durch die Kenntniss der Alten in den Humanisten ein
universales Interesse erwachte, welches mit gleicher Liebe die
verschiedensten Gegenstände in den Kreis seiner Betrachtung
zog, und wie auch, eine leise Anwandlung moderner Quellenkritik die Skepsis nicht ausblieb. Während Naukler noch im
alten Gewande der Chroniken schrieb, ist es bei den andern
Humanisten bereits die Form der Monographie, der unter
Einem Gesichtspunkt abgefassten, mit Einem bestimmten
Thema sich abgebenden geschlossenen Abhandlung, welche
man für die Darstellung historischer Ereignisse wählt.

gesch., IV, pag. 457. Denn nicht nur ist „Lanze“ ganz unrichtig,
es ist auch gar nicht der volksthümliche Ausdruck. Wohl kann
daher Bebel (triumphus Veneris 4, 206, s. Grimm, a. a. O., pag.
137) sagen:

> Sanguinolenta cohors ex ordine civibus instat
> Hij sunt quis dederat jam pridem lancea nomen

und mag sie, wenn er auf sie zu sprechen kommt, mit dem lat.
„lancearii“ verdolmetschen (Goldast, Epitoma, pag. 41), das Volk,
von dem doch offenbar der Name herstammt, hätte sie nie so genannt.

Wie unklar man übrigens schon damals über die Etymologie
dieses Wortes war, beweist neben den beiden Aussagen P's u. Bebel's
sowie neben der verschiedenen Schreibart, auf die man leider nur
nicht viel geben darf, der Umstand, dass man sich überhaupt be-
müssigt sah, das Wort etymologisch zu erklären, wie dies u. A.
auch von Aventin geschieht (Ulmann, a. a. O.). Campell übersetzte
es dann wieder mit „Doryphori“ (z. B. II, 43). Droysen, a. a. O.,
schreibt Lanzknechte, Grimm, Rüstow, Ranke, Ulmann stehen für
Landsknecht ein.

Herr Prof. Vischer machte mich dann noch nachträglich auf
eine Stelle in Knebel (Basl. Chron., III, 300) aufmerksam: „die
sinen (es ist von Peter von Hagenbach die Rede) bede von Pick-
arten ouch ettlichen *Tutzschen lanndsetzen*, edelen und andern, so
er mit im als dienere des Burgunschen hertzogen dahinbracht hatt.“
Es weisen diese Worte, wie mir scheint, in der That darauf hin,
dass die Etymologie von Land die richtige ist, denn offenbar wird
hier unter den „Tutzschen lanndsetzen“ nichts anderes verstanden,
als was später „Landsknecht“ genannt worden ist.

Meistens bewegten sich diese Abhandlungen jedoch in ferner Vergangenheit, und wenn sie auch die Gegenwart berührten, wie dies bei Wimpfeling's Epitome oder Cuspinian's „De Caesaribus" der Fall ist, so bildeten die Zeilen, die ihr gewidmet waren nur die Schlussreihe des Ganzen.

Das grosse Verdienst, welches sich nun Pirckheimer durch die Abfassung seines B. S. erworben hat, besteht darin, dass er, aus eigenstem innerem Antrieb, nicht zur Verherrlichung irgend einer Stadt oder eines Fürsten, ein Ereigniss, das er selbst erlebt, *ein Ereigniss also aus der Zeitgeschichte einführte in den Kreis dessen, was einer klassisch-historischen Darstellung würdig befunden ward,* und dass er, um dieses geschilderte zeitgenössische Ereigniss begreifbar, erklärlich zu machen, diesem als Einleitung eine Geschichte der vorausgegangenen Dinge beifügte. Er hat sich dadurch den Namen eines pragmatischen Historikers wohl verdient. Allerdings haben seit der Frühzeit des Mittelalters viele die Ereignisse ihrer Zeit lateinisch erzählt, aber die Nachahmung klassischer historischer Monographien ist doch kaum vor Pirckheimer so bewusst durchgeführt worden. Hiezu kommt, ein Zeugniss seiner Antheilnahme sowohl wie seiner humanistischen Bildung und seiner humanen Sinnesweise, dass durch diejenigen Zeilen, welche Selbsterlebtes schildern, ein warmer belebender Hauch geht, der selbst die kältende Wirkung der Anwendung der lateinischen Sprache aufhebt, so dass wir in seiner Schilderung nicht nur den Soldaten, sondern auch den Menschen mit seiner ganzen subjectiven Empfindungswelt kennen lernen.

Wilibald Pirckheimer steht vor uns als ein Humanist unter Humanisten; deren Gedankenkreise und Strebungen sind auch die seinen, aber für das, was er der deutschen Historiographie durch sein B. S. gegeben hat, dafür hat diese ihm allein zu danken. Des Fortschrittes ist da so viel, dass die Mängel, die wir gefunden haben, und noch finden werden, tief in den Schatten treten. Nicht daran lag es Pirckheimer — das dürfen wir schon jetzt sagen — der zukünftigen Geschichtschreibung mit peinlicher Sorgfalt zurechtgelegtes

Material für deren Schlachtenschilderung zu geben. Was kümmerte es Pirckheimer, ob jede Schwenkung, die er erwähnt, jeder Zug, den er schildert, nun wirklich gerade so und nicht anders stattgefunden!

Von unserem modernen Standpunkt aus würden wir nichts natürlicher finden, als dass Pirckheimer, der ja unablässig voll Gram auf den Mangel an deutschen Geschichtschreibern hinweist, einen Krieg, an dem er selbst in so hervorragender Weise participirt hat, in mehr oder weniger ausführlicher Monographie der Nachwelt erzählte. Es muss dies aber in jener Zeit doch nicht so natürlich und selbstverständlich gewesen sein, sonst würde Pirckheimer schwerlich bis an sein Lebensende damit gewartet haben. Wäre er nicht als Mithandelnder am Kriege betheiligt gewesen, d. h. hätte nicht einer der natürlichsten menschlichen Triebe: die Lust persönliche Erlebnisse von Wichtigkeit, welche man mit Recht besser zu kennen glaubt als andere, der Nachwelt zu überliefern, mitgewirkt und sich mit jenen viel genannten Ideen verbunden — wir dürfen es mit Sicherheit annehmen, der Schwabenkrieg wäre niemals von Pirckheimer beschrieben worden. In der That haben denn auch nur die persönlichen Erlebnisse als Quelle für uns einen Werth, für die Feststellung des anderen hat er sich's keine grosse Mühe kosten lassen. Darüber darf man aber den grossen relativen Fortschritt, der sich in der Form dieser Monographie kund gibt, nicht aus den Augen verlieren. Hätte Pirckheimer rein nur seine persönlichen Erlebnisse geben wollen, so hätten wir ein Büchlein bekommen, welches als „Quelle" betrachtet, keinen Grad weniger werthvoll als das jetzige B. S. gewesen wäre; allein als historisches Kunstwerk wäre es nicht mehr anzusehen gewesen. Die Einheit der Beziehungen hätte sich an die zufälligen Erlebnisse des Verfassers geknüpft, nicht, wie jetzt an die Sache selbst. Es wären „Memoiren aus dem Schweizerkrieg", „kriegsgeschichtliche Erinnerungen" geworden, wie wir sie heutzutage in Frankreich namentlich in Fülle entstehen sehen, dem zukünftigen Geschichtschreiber von hohem Werth, für die Geschichte der Historiographie aber

doch nur in wenigen Fällen von Interesse. Das war aber
Pirckheimer's Zweck nicht: er wollte den Gebildeten Deutschlands ein in sich fertiges Werk bieten und so schuf er mit
Zuhülfenahme dessen, was ihm sein Diarium bot, was ihm
von allgemeinen Erinnerungen noch geblieben war, und was
er in Etterlin über den Krieg vorfand, eine Darstellung *des
gesammten Krieges*, nach dem Vorbild der Alten. Wie
Xenophon, mit dem er ja so oft verglichen wird, seine Ana-
basis, Sallust seine beiden Monographien, Cäsar sein Bellum
Gallicum und sein Bellum civile geschrieben, so nun Pirckheimer sein Bellum Suitense.

Müssen wir es als eine Schattenseite des Humanismus
bezeichnen, dass er sich nur an die humanistisch Gebildeten
seiner Nation wendete, so muss die Wahl eines zeitgenössischen Ereignisses, wie dies im B. S. der Fall ist, entschieden als ein Schritt zur Ueberbrückung dieses gefährlichen
Verhältnisses betrachtet werden. Zwar noch steht als Schranke
das fremde Idiom da, aber welch' anderes Interesse durfte
ein Stoff aus der Zeitgeschichte beanspruchen, an welchem
ein grosser Theil des Volkes mitbetheiligt gewesen war, als
Abhandlungen über die alten Vandalen und Gothen, oder
selbst über einen Barbarossa und Friedrich II. Gerade in
dieser Beziehung hätte das Beispiel der Alten segensreich
wirken können. Konnten doch die beiden grössten Geschichtschreiber des Alterthums, Thukydides und Tacitus den Beweis liefern, dass es nicht unter der Würde der Geschichtschreibung sei, die Zeitgeschichte zum Vorwurf der Behandlung zu wählen. Pirckheimer vervollständigt jedoch seine
Notizen nicht nur zu einer vollständigen Beschreibung des
ganzen Krieges. Zu zeigen, wie die Eidgenossenschaft einen
solchen Krieg überhaupt führen konnte, schickt er dem
eigentlichen B. S. eine kurze Betrachtung über Entstehen,
Wachsthum und Ausdehnung der Eidgenossenschaft voraus.
Die alte Weise wäre gewesen, zuerst und als Hauptsache die
alte Geschichte der Schweiz zu erzählen, woran sich dann als rein
historisch nachfolgendes Schlussglied auch noch die Geschichte
des Schwabenkrieges gereiht hätte. Hier das vollständige

Gegentheil davon, primär ist das Zeitereigniss, secundär, gleichsam als Hülfsconstruction zur Begreiflichmachung von jenem der Ueberblick über die ältere Geschichte. Um es kurz zu sagen, es ist die Ueberwindung der annalistischen Erzählungsweise, die Einleitung zur pragmatisch begründenden, mag es auch noch auf etwas äusserliche Art und Weise geschehen sein. Das Verdienst Pirckheimer's verringert der Umstand nicht, dass sich auch schon Nauklcr bei der Erzählung des Schwabenkrieges jene Frage vorgelegt hat, [1] und neben ihm wohl noch tausend andere, die sich über diesen Krieg ihre Reflexionen machten. Pirckheimer führte aus, was jener nur kurz berührte, [2] er suchte die Aufgabe wirklich zu lösen; das sagt er uns gleich zu Anfang seines Buches, und dass dies nicht nur so eine beiläufige, zufällig hingeworfene Ansicht von ihm ist, das bezeugen die zahlreichen Hinweise, in welchen er auf jenen Gedanken zurückkommt.

Wir haben gehört, wie Pirckheimer in seiner Explicatio mit stoischer Ruhe über das Schicksal der Menschen und Völker philosophirte Nicht so objectiv stellt er sich den Ereignissen gegenüber, die ihn persönlich einmal unangenehm berührt haben. Wir haben seine Gesinnung gegen die Bischöfe kennen lernen, und diese hatten ihm noch nicht einmal etwas zu leide gethan. Wie muss der heissblütige Mann erst denen gegenüber sich gezeigt haben, die ihn persönlich angriffen, wenn der Grimm gegen seine Feinde aus dem Schwabenkrieg noch nach einer Dauer von ungefähr 30 Jahren sich nicht beruhigt hat! Das B. S. ist nicht sine ira et studio geschrieben. Pirckheimer ist etwas „langräche", sowie er an jene Verläumdungen und Anklagen zurückdenkt, da

---

[1] II, pag. 514.

[2] Immerhin ist es möglich, dass er von Naukler die Anregung erhalten hat, die frühere Geschichte der Eidgenossen zu berücksichtigen.

braust es in ihm auf und die ruhig dahin gleitende Darstellung wirft plötzlich stürmische Wellen. Wir wissen nun
wohl, dass eben dieser Mangel an Objectivität überhaupt jeder
zeitgenössischen Aufzeichnung zugeschrieben wird, und dass
diese Anklage schon oft genügt hat, sie darum kurzweg aus
dem Kreise der Wissenschaft zu verbannen. Es ist nicht
unsere Aufgabe zu untersuchen, was dafür und dagegen noch
vorgebracht werden kann, da Pirckheimer nicht nach den
Forderungen der modernen Wissenschaft arbeitete und seine
Begriffe über Zulässigkeit und Unzulässigkeit dieser Dinge
nothwendig andere waren, als die, welche von heutigen Gelehrten aufgestellt werden. Wie weit er es mit seinem
kritischen Gewissen vereinbar fand, von dem ihm gebotenen
historischen Material abzuweichen, das ist dann noch eine
andere Frage, die uns im 3. Abschnitt beschäftigen wird.
Was aber die subjective Färbung seiner Erzählung betrifft,
so sei hier nur das eine noch erwähnt, dass sie uns trotz
alledem einer der Hauptreize des Büchleins zu sein scheint.
Oft genug mag ja das Urtheil nicht gerecht sein und vor-
urtheilsfrei, allein die Empfindung des Erzählers verräth sich so
offen, dass der Leser von selbst fühlt, ob und wo den Autor seine
Leidenschaft zu weit treibt. Dafür haben wir auch eine
frische, lebendige, warme Darstellung. Wer möchte nur die
ergreifende Stelle missen, wo Pirckheimer, der Feldhauptmann, überwältigt von dem grenzenlosen Jammer, den er auf
seinem Zuge nach Bormio trifft, in Thränen ausbricht und
die Gräuel des Kriegs verflucht. [1]) Wie rückt uns der Mann
mit diesem einzigen Bekenntnisse nahe! [2])

Wer an das Werk des Nürnberger Patriciers nur den
Maassstab des rein wissenschaftlichen Fortschrittes legt, des

---

[1]) B. S., pag. 67.

[2]) Thausing namentlich hat auf diesen Characterzug P's mit
beredten Worten hingewiesen, s. a. a. O., pag. 183.

Nutzens, den seine Fachwissenschaft durch dasselbe erfahren, der halte sich an die Verdienste, die wir an früherer Stelle besprochen haben. Wer aber das Werk von einem höhern Standpunkt aus betrachtet, der wird in dem Gefühl, welches sich hier ausspricht, das erhebende Zeugniss sich entwickelnder Menschlichkeit erkennen. Schon um dieses Einen Zuges willen würde Pirckheimer unsere volle Theilnahme erregen.

Dritter Abschnitt.

Historisch-kritische Betrachtung des Bellum Suitense.

Taine stellt einmal [1]) in meisterhaft kurzen Zügen die Bedingungen zusammen, welche eine historische Quelle zu erfüllen hat, wenn sie für den spätern Geschichtschreiber von wirklichem Werthe sein soll: Le témoignage le plus digne de foi sera toujours celui du témoin oculaire, surtout lorsque ce témoin est un homme honorable, attentif et intelligent, lorsqu'il rédige sur place, à l'instant et sous la dictée des faits eux-mêmes, lorsque manifestement son unique objet est de conserver ou fournir un renseignement, lorsque son œuvre n'est point une pièce de polémique concertée pour les besoins d'une cause ou un morceau d'éloquence arrangé en vue du public, mais une déposition judiciaire, un rapport secret, une dépêche confidentielle, une lettre privée, un memento personnel. Plus un document se rapproche de ce type, plus il mérite confiance et fournit des matériaux supérieurs.

Ist Pirckheimer's B. S. ein solches Document und erfüllt es diese Bedingungen, das zu ermitteln ist nunmehr unsere Aufgabe.

„Das glaubwürdigste Zeugniss wird immer das des Augenzeugen sein, zumal wenn dieser ein ehrenwerther, auf-

---

[1]) Origines II, préface.

merksamer und einsichtiger Mann ist, wenn er an Ort und
Stelle gleich seine Aufzeichnungen macht…" Die Frage
nach der Autopsie und der Zeit der Abfassung pflegt in der
That nicht ohne Grund vorangestellt zu werden, wenn es
sich um Zuverlässigkeit eines historischen Zeugnisses handelt.
Was die Autopsie betrifft, so kann für unsern Fall natürlich
nur der Schwabenkrieg in Betracht gezogen werden. Dass
Pirckheimer hier Augenzeuge war, dass wissen wir, aber er
war es nicht im ganzen Krieg. Die Feindseligkeiten begannen
im Februar,[1]) im Mai erst erschien Pirckheimer auf dem Kriegsschauplatz. Von den Missiven, die er als Feldhauptmann
der Nürnberger dem städtischen Rathe schicken musste, ist
- leider — eine einzige noch erhalten;[2]) dieselbe ist datirt
von Pfingsten 1499 (19. Mai),[3]) und zeigt uns Pirckheimer
mit seiner Mannschaft eben erst im kaiserlichen Feldlager
angekommen.[4]) Wir dürfen also annehmen, dass er Anfangs
Mai mit seiner Truppe von Nürnberg abmarschirt ist und sich
Mitte dieses Monats mit dem kaiserlich-schwäbischen Heere
vereinigt hat. In der citirten Missive schreibt er von einem
Brief, den er Dienstag nach dem Auffahrtstag nach Nürnberg
abgesandt habe — das wäre also am 14. Mai. Man kann
als ziemlich sicher annehmen, dass er in diesem seine Ankunft im Lager gemeldet hat. Auf jeden Fall muss der
Brief vom 19. einer der ersten sein, den er vom Kriegsschauplatz aus geschrieben hat, da er darin so frisch und
unmittelbar vom Zustand des kaiserlichen Heeres spricht,
wie er es nur nach den allerersten Eindrücken zu thun ver-
mochte.

---

[1]) *Klüpfel*, Urkunden zur Geschichte des schwäb. Bundes I,
1846, pag. 281.

[2]) Abgedruckt im Anzeiger f. Kunde deutscher Vorzeit, 1853,
pag. 39.

[3]) *Grotefend*, Handbuch der historischen Chronologie, 1872,
pag. 138.

[4]) Zu dieser Zeit kam auch der grösste Theil der andern
Reichstruppen an, cf. Klüpfel, a. a. O., pag. 334.

Das wäre das eine, das andere, woran erinnert werden muss, ist der Umstand, dass Pirckheimer keine einzige der grossen Schlachten mitgemacht hat: weder bei Frastenz noch an der Calven noch bei Dornach war er dabei; alles was er uns darüber mittheilt, ist Gerücht, Anekdote, Erzählung anderer. Am besten ist er noch über Dornach unterrichtet. Man sollte sich daher wohl hüten, Pirckheimer so ohne Weiteres als Augenzeugen zu citiren, wenn man über diesen Krieg spricht. Seine Autopsie beschränkt sich auf ganz bestimmte Partien, und wo er *diese* schildert, da hat man auch den vollen Eindruck, dass die Schilderung herrührt von einem „témoin oculaire . . . homme attentif et intelligent". Möge man diese Theile wohl von den andern scheiden!

Der Schwabenkrieg fällt in's Jahr 1499, wann aber wurde das Bellum Suitense abgefasst? Aus dem vorangegangenen Kapitel haben wir schon gesehen, dass die Schrift eine Schöpfung der humanistischen Periode Pirckheimer's ist, und diese fällt in die späteren Lebensjahre des Mannes. Von einer unmittelbaren Abfassung kann also von vorneherein keine Rede sein, um so weniger, da auch Etterlin erst 1507 im Druck erschienen ist. Doch wir haben noch viel schlagendere Beweise von einer spätern Redaction: pag. 102 erwähnt er Karl V. als regierend, die Abfassungszeit fällt also schon einmal später als 1519, Maximilian's Todesjahr. Pag. 101 erwähnt er die Schlacht von Pavia, das Buch muss also nach 1525 verfasst worden sein. [1]) Aber es lässt sich noch weiter hinab datiren. Pag. 102 führt er an, dass Karl V. ihm die Würde eines kaiserlichen Rathes, welche er von Maximilian erhalten hatte, bestätigt, ja sogar aus eigenem Antrieb diese Ehre noch vergrössert und vermehrt habe. Das sehr ehrenvoll lautende Schreiben Karls haben wir noch, es ist abgedruckt in den Op. unmittelbar nach dem Inhaltsregister, (die Paginirung beginnt erst später), und datirt ist es vom

---

[1]) worauf a. a. O., pag. 70, schon Vischer hingewiesen hat.

25. November 1526, so dass wir also mit der Abfassungszeit schon in's Jahr 1527 rückten. Eine weitere sichere Fixirung lässt sich nicht durchführen, doch glauben wir als gewiss annehmen zu dürfen, dass die Abfassung sogar erst in's Jahr 1529 oder gar 1530 fällt. Die Gründe, die uns hiefür bestimmen, sind folgende. Anfangs Juli 1530 schrieb Pirckheimer zu seiner Explicatio die Dedicatoria.[1]) Der Ideenkreis, sowie die Phraseologie derselben erinnern aber so auffallend an das Proömium des B. S., dass die ungefähr gleichzeitige Abfassung dieser beiden literarischen Produkte ganz evident daraus hervorgeht. Und was uns nun bestimmt, das B. S. als das *spätere* zu betrachten, das ist der einfache Umstand, dass die Explicatio noch zu Pirckheimer's Lebzeiten im Buchhandel erschienen ist, das B. S. nicht mehr; dass es jedoch zur Herausgabe bestimmt war, das beweist die sorgfältige Abschrift, die Rittershausen vorfand.[2]) Auch weist die geographische Orientirung, die er im 2. Buch, pag. 42 seines B. S. gibt, so bestimmt wie nur möglich auf die Studien hin, die er für sein Explicatio gemacht hatte, während er, wäre die Explicatio das Spätere, bei Erwähnung der Helvetier und „Suitenses" es nicht unterlassen haben würde, die Meinung seines schweizerischen Gewährsmannes über deren Ursprung mitanzuführen.

So dürfen wir mit ziemlicher Sicherheit den endgültigen Abschluss der Arbeit ins Jahr 1530 setzen, und — wie Rittershausen — annehmen, dass Pirckheimer von der Herausgabe nur durch den Tod abgehalten wurde. Sie ist noch Niemandem zugeeignet, was er doch bei keinem seiner Werke unterliess. Betrachten wir sie daher als ein Vermächtniss, welches er der ganzen Nation schenkte, der Nation, an die zu denken er ja selbst in seiner letzten Stunde nicht vergass:

---

[1]) Op., pag. 94.

[2]) Op., pag. 13.

Utinam post decessum meum bene sit patriae, utinam tranquilla sit Ecclesia!

Zwischen den Ereignissen und der Beschreibung derselben liegt also ein Zeitraum von ungefähr 30 Jahren.
Für die Darstellung dessen, wo ihm Etterlin aushelfen konnte,
ist das von keiner grossen Bedeutung, ob sich gleich das
vorgerückte Alter des Autors überall sehr fühlbar macht;
ebensowenig für seine eigenen persönlichen Erlebnisse; denn
hätte er hier nicht die allergenauesten Aufzeichnungen gehabt, so hätte er überhaupt gar nie an die Abfassung dieses
Werkes gedacht. Wichtiger ist der Umstand aber für alle diejenigen Ereignisse, über welche ihm Etterlin keine Auskunft geben
konnte und von denen er selber nur noch vage Erinnerungen
hatte, d. h. also für alle diejenigen Sachen, an denen er selbst
nicht betheiligt war. Hier darf man Pirckheimer nicht für das
Einzelne haftbar machen. Wohl mochte er dies und das über die
verschiedenen Ereignisse unter seinen Notizen besitzen, allein
das war nichts anderes als allgemeines Lagergespräch, und
was dieses für einen Werth besitzt, darüber klären uns Pirckheimer's eigene Worte genugsam auf: Neuer zeytung halb weys
ich euer weysheyt — so schreibt er in der mehrfach erwähnten Missive — nichtz zu schreyben, *dan so was geschicht,
das wider vns ist, wirt solchs vndergedruckt; ist es dane für
vns, so lest mans da pey nicht weleyben* . . . (folgt ein Beispiel). Man kann sich denken, welch' genaue Kunde bei dieser
Art „Information von oben" zu erlangen war.

So stand es mit der Beschaffung des Materials, und
dreissig Jahre vergingen, ehe dasselbe benutzt wurde. Um
das Zutrauen zu diesen Nachrichten der nicht selbst erlebten
Ereignisse noch mehr zu untergraben, kommt der Umstand
hinzu, dass wir bei ihrer Lectüre fortwährend an die höchst
unbefangene Art und Weise denken, wie er Etterlin benutzt.
Ist doch kein Grund vorhanden, nicht zu schliessen, dass er
es bei andern Quellen anders sollte gemacht haben. Wir
haben nie unterlassen, darauf hinzuweisen, dass die Aufgaben
der humanistischen Historiographie andere waren und andere
sein mussten, als dies heutzutage der Fall ist. Wie dürfte

es ein moderner Geschichtschreiber wagen, seine Hauptquelle nirgends zu nennen, wie dies Pirckheimer thut.
Kein einziges Mal nennt er Etterlin mit Namen, und doch
hätte er ohne diesen das B. S. gar nicht zu Stande bringen
können. Er ist sich aber dabei entschieden keiner unrechten
That bewusst. Das genaue Datum einer Schlacht finden wir
fast nie bei ihm, oft sogar nicht einmal den Namen des
Ortes, bei welchem sie stattgefunden hat, die Gegend wird
nur so von ungefähr bestimmt. Beispielsweise finden sich
die Bezeichnungen Fussach, Bruderholz, Frastenz, Calven
nicht bei ihm, obwohl er wenigstens die drei ersten in Etterlin
vorfand. Wo ihm die Beschreibung einer Schlacht zu uninteressant wird, oder wo er etwas eigenes darüber zu erzählen weiss, da schiebt er ohne jedes Bedenken einen fremden
Bestandtheil, mit Vorliebe Schlachtanekdoten, in die Erzählung seines Gewährsmannes ein, und es scheint ihm wenig
Kummer gemacht zu haben, wenn die beiden Versionen auch gar
nicht zu einander passten. Wir werden das bei der Schlacht
von Murten und der Schlacht bei Frastenz sehen. Er macht
sich auch kein Gewissen daraus, ein Manöver, das in irgend
einer Schlacht angewendet worden ist — sei es wirklich,
sei es nur nach seiner Meinung — ganz einfach auf irgend
welch' andere Schlacht zu übertragen.) Da ist denn gar
nicht zu läugnen, dass die Chroniken im Gesammten weit
getreuere Berichte liefern.

In seiner Darstellung macht sich aber leider auch in sehr
hohem Grade das Alter des Autors geltend, und zwar oft in
einer Weise, welche geradezu die historische Wahrheit be-
beeinträchtigt. Denn ein Zeichen des vorgerückten Alters
muss man es nennen, wenn jemand mit pedantischer Zähigkeit
gewisse Ideen, die sich in seinem Kopf festgesetzt haben, vorbringt, wo es nur irgendwie möglich ist. Eine dieser fixen
Ideen — so dürfen wir sie schon nennen, sind sie doch für Pirck-

) Man vergleiche d. Schlacht b. Frastenz mit d. Treffen am
Schwaderloh, sowie mit d. Gefecht am Bruderholz in P's Darstellung.

heimer zum feststehenden Dogma geworden — ist z. B. die, *dass die Schweizer in allen Treffen und Schlachten in erster Linie und hauptsächlich durch ihre ausgezeichnete Disciplin gesiegt hätten.* Man kann sich ganz gut erklären, wie er zu dieser Meinung gekommen ist. Während seiner Feldhauptmannschaft wird er einige Fälle dieser Art kennen gelernt haben, er sah die grenzenlose Unordnung und Disciplinlosigkeit im kaiserlichen Heere, und hieraus abstrahirt er dann seine Theorie, trägt sie über auf sämmtliche Schlachten, die er beschreibt und wird nicht müde, sie zu wiederholen. Schon Erlach muss in seiner Rede, die ihm Pirckheimer vor der Schlacht bei Laupen in den Mund legt, [1]) den Seinen den Sieg versprechen, sofern sie nur „servatis ordinibus" vorgingen, da die Feinde „sine ordinibus" den Angriff auf sie machen würden. Dies lässt Pirckheimer den schweizerischen Anführer sagen, obwohl er in Etterlin nicht die leiseste Andeutung hiefür fand. Bei Sempach, der nächsten Schlacht, die er beschreibt, ist natürlich das Nämliche der Fall: Non tamen vage et incomposite, sed structa incedebat acie unusquisque legitime militare. imperium pati et inprimis ordines observare didicerat, [2]) . . . wovon er wieder nicht Ein Wort in seiner Quelle Etterlin vorfand. Diese über einen grossen Theil des Büchleins sich ausbreitende *Schematisirung* thut dem Werthe desselben grossen Abbruch, denn es lässt sich nicht läugnen, dass dadurch etwas Gemachtes, Gesuchtes in die Darstellung hineinkommt. Das Buch erhält einen pedantisch lehrhaften Zug, und dieser kann sich, wie man ja leicht einsieht, nur auf Kosten der historischen Wahrheit halten. Dies Dogma von der Disciplin der Eidgenossen führt ihn auch zu der zahllosen Anwendung seines Lieblingsausdruckes: structis (oder servatis) ordinibus oder structa acie, den er anbringen muss, wo er von Schweizern redet, selbst in

---

[1]) B. S., pag. 7.

[2]) Ibid. pag. 10.

Fällen, wo dadurch eine handgreifliche Absurdität entsteht, wie bei der oft erzählten Heldenthat der Eidgenossen im Rhein, [1] auf die wir noch zu sprechen kommen.

Bei der Schlussbetrachtung über den Krieg, wo wir in der That andere Reflexionen zu hören wünschten, was vernehmen wir da wieder? „Magnam tamen verae virtutis et rei militaris obtinuere existimationem cum nihil temere aut inconsulte agerent, sed in omnibus virtuti plurimum, fortunae autem minimum tribuerent: praecipue vero imperio et jussis Ducum obtempararent. ita ut nec consilia factis, nec facta indigerent consiliis." [2] Wären diese schönen Ergüsse nur auch wahr, aber wenn man die eidgenössischen Abschiede liest, so wollen die Klagen wegen Disciplinlosigkeit gar nicht aufhören. „In beiden Heeren hat sich unter den Knechten grosser Ungehorsam und Verachtung der Gebote der Hauptleute gezeigt," [3] lesen wir vom 11. März. Die Hauptleute selbst rauben; [4] Klagen laufen ein wegen Schädigung von Gotteshäusern; [5] was die Knechte verzehren, wollen sie nicht zahlen. [6] „Da im Feld niemand mehr den Hauptleuten gehorchen will, so ist auf diesen Tag beschlossen worden, dass alle, die sich ungehorsam oder unehrlich hielten, im Feld nach Verdienen von den Hauptleuten gestraft werden sollten." [7] So lautet es vom 12. Juni. Am 27. Juni laufen neue Klagen ein, die Knechte wollten nichts bezahlen. [8] Dem Vogt von Rheineck war die Weisung gegeben worden, niemandem mehr Wein zu reichen, als um baares Geld. Dieser schreibt zurück: er wollte gern demgemäss handeln; allein man nehme ihm

---

[1] B. S., pag. 46.
[2] Ibid. pag. 100.
[3] E. A. III, 1, pag. 599.
[4] Ibid. pag. 601.
[5] Ibid. pag. 612.
[6] Idid. pag. 613.
[7] Ibid. pag. 616.
[8] Ibid. pag. 618.

den Wein, er wolle dafür keine Verantwortlichkeit mehr
tragen; besonders die Zusätzer nehmen den Wein, es möge
ihm gefallen oder nicht, „vnd si sient als wol herren als wir." [1]
Und vom 5. September heisst es, dass die Zusätzer sich nicht
auf die verschiedenen Wachposten führen lassen wollen,
„sondern den Hauptleuten ungehorsam sind." [2] Wir denken,
diese Beispiele genügen, um die von Pirckheimer gepriesene
Disciplin der Schweizer zu illustriren. [3]

Eine andere fixe Idee Pirckheimer's ist die, dass er
meint, *die Eidgenossen seien wegen ihrer geringen Anzahl stets
von den Gegnern verachtet worden.* Daher denn das „contempta
paucitate" beinahe ebenso häufig auftritt, wie das „structis
ordinibus". Auch zur Bildung dieser Anschauung mögen
Prahlereien der Schwaben den Anlass gegeben haben, und
Etterlin's Erzählung vom Hohn der österreichischen Ritter bei
Sempach mochte ihn darin bestärken. Ganz wie die Idee von der
Disciplin der Schweizer, so sehen wir auch diese bei der Darstellung von allem und jedem ihre Rolle spielen. Aus Verachtung besetzen die Oesterreicher bei Morgarten die Pässe
nicht (pag. 6), der Adel verachtet die Berner bei Laupen
(7). und Herzog Leopold die Eidgenossen bei Sempach. Das
ist auch der Grund, warum er sein Fussvolk im Lager zurück lässt. Wenn dann der Fall wirklich einmal zutrifft, wie
bei Karl dem Kühnen, so ist das nicht Pirckheimer's Verdienst. Denn so einfach ist die Sache doch nicht, wie er es
pag. 31 darzustellen sucht: „Et profecto, si quis conjecturare
velit, et haec et aliae Burgundi clades, ob arrogantiam et
hostium contemptum potissimum sunt acceptae."

---

[1] E. A. III, 1, pag. 618.

[2] Ibid. pag. 632.

[3] Kennt man einmal P's Verfahren, so braucht man sich
auch nicht mehr lange bei dem von Ranke (Kritik neuerer Geschichtschreiber, pag. 199) angeführten Stelle aufzuhalten, wo P. anlässlich
des Treffens von Hard von den Eidgenossen rühmt: „cum nil nisi
ex praescripto agerent ac diligentissime disciplinam servarent militarem." Hier wie überall.

In analoger Weise hat sich wahrscheinlich auch in ihm
die Ueberzeugung gebildet, dass es in den langen Freiheits-
kämpfen stets die Eidgenossen waren, die wider Recht
und Billigkeit von dem Adel alle Unbill erdulden mussten.
Wir wissen, welche Erbitterung in Pirckheimer gegen die
nobiles herrschte, von denen er und seine Nürnberger so
heftig beim Kaiser verläumdet worden waren. [1]) und die er
schon als städtischer Patricier nicht leiden konnte. Dieses
feindselige Gefühl überträgt sich nun in gleicher Weise auf
die Vergangenheit. Im Einklang mit der allgemeinen Tradition
ist er, wo er von der Vertreibung der Vögte spricht. Dann
spricht er von Bern. Als dieses dem Bund beitritt, erbittert das
den Adel: Sane etsi illi maximis experti erant incommodis, nihil
violentum durare posse: ne tamen a pristinis suis degenerarent moribus, Bernensibus indixere bellum. Illi vero cum
nec pretio nec precibus pacem impetrare possent, nullumque
nec juris nec aequitatis locum esse cernerent. . . . Man glaubt
die Fabel vom Wolf und Lamm zu lesen. Auch Etterlin
nimmt für die Berner Partei, und sagt, dass diese dem Krieg
auf jede Weise hätten ausweichen wollen, aber die Form, in
der er es sagt, ist doch eine total andere. Dass der Adel in dem
rasch und energisch sich ausbreitenden Bern [2]) seinen natur-
gemässen gegebenen Feind erblicken musste, davon weiss
Pirckheimer nichts. Nachdem er den Verlauf der Schlacht
von Laupen geschildert hat, fährt er — pag 8 — fort: At
nobiles quique eo praelio evaserant, licet post tantam acceptam cladem Bernenses aperto bello amplius aggredi non auderent, clanculum tamen, ut facere solent, latrociniis infestare
non desinebant, nec Bernensium satiati injuria, Turegenses
quoque eisdem vexabant artibus. . . . Man beachte das
characteristische „ut facere solent", es liegt etwas ausgesprochen
Gehässiges in diesen Worten, etwas Grollendes.

---

[1]) Cf. B. S., pag. 91, 92, 93 u. 94.
[2]) Cf. *P. Vaucher*, Esquisses d'histoire suisse, 1882, pag.
38 und 39.

Als er den Einfall der sogenannten Gugler erzählt, begründet er denselben damit, dass die „principes ac nobilitas, quum jam Suitensibus resisti posse diffiderent" die Engländer mit grossen Versprechungen herbeigerufen hätten.[1]) Etterlin führt, pag. 91, ganz richtig als Ursache die Forderung des Herrn von Coucy („Kussin") an und fügt, was den Adel betrifft, nur hinzu, dass die Feinde recht wohl zurückgeschlagen hätten werden können, als sie den Hauenstein herauf kamen, wenn bei den Grafen von Nidau und Kiburg „der nyd vnd hass" gegen das Land nicht so gross gewesen wäre. Nicht lange darnach ward der Graf von Nidau erschossen, „do ward jm der lon das er sy hat lossen über den Houwenstein komen." Aus diesen Worten abstrahirt Pirckheimer, dass die schreckliche Bande vom Adel durch grosse Versprechungen zu Hülfe gerufen worden sei.

In diesem Stile geht es weiter: Nach dem Abzuge der Engländer hörten die Habsburger und Adligen nicht auf, die Schweizer zu befehden. Dann pag. 11: Nam Helvetii a nobilibus undique impugnabantur ... Immer ist es der Adel, der anfängt, der Unrecht thut. Unbewusst identificirt Pirckheimer sich und seine Vaterstadt mit den Schweizern, wenn er auf die „Nobilitus" zu sprechen kommt, man erkennt das ganz deutlich.

Aus dem Jahre 1409 meldet Etterlin (pag. 128) „begab sich ein vnwill zwüschent der fürstin von Oesterich vnd der statt Basel." Nach Pirckheimer kann dieser Zwist natürlich gar nicht anders zu erklären sein, als dass dahinter wieder der Adel steckt, welcher die beiden gegeneinander hetzt.[2])

Seite 15 gibt er ein Verzeichniss derjenigen Adelsgeschlechter, welche vertrieben oder vernichtet worden sind; die Angaben entstammen der Botschaft, welche Maximilian am 22. April 1499 von Freiburg aus an die deutsche Nation erliess,

---

[1]) B. S., pag. 9.
[2]) B. S., pag. 14.

als er sie zum Krieg gegen die Eidgenossen aufforderte[1]) — der einzige Fall von Benützung amtlichen Aktenmaterials im ganzen B. S., wenn man nicht noch etwelche Bestimmungen aus einer schweizerischen Reisordnung dazu nehmen will.

Den Bellenzer Krieg (B. S., pag. 16, Etterlin, pag. 163) kann Pirckheimer nicht beginnen, ohne daran zu erinnern, dass jetzt die Eidgenossen von der molestia der Adligen befreit gewesen seien, aber schon regen diese sich wieder beim Zürcherkrieg, weil sie da hoffen, im Trüben fischen zu können (pag. 18). Und wie er vollends zu den Burgunderkriegen kommt, wo es Etterlin selbst ist, der ihm von den bösen Thaten Bilgrim's von Höwdorff erzählt (pag. 184), da redet sich Pirckheimer so recht in seinen Zorn hinein: Nobiles interea, etsi non ignorarent, quidnam ipsi et eorum majores ob illatam pertulissent violentiam, quamvis Suitensium arma irritare non auderent; ne tamen ab antiquis majoribus desciscerent (siehe oben), vicinas civitates assidue infestabant, multisque afficiebant incommodis.

So sehen wir Pirckheimer's Urtheil von persönlichen Motiven und Erinnerungen geleitet; Schritt und Tritt bricht seine subjective Anschauung hervor.

Eine weitere Lieblingsidee ist die, dass die Eidgenossen keine Reiterei gehabt hätten und darum die Feinde nie nachdrücklich hätten verfolgen können. So war es nach ihm bei Sempach (in Etterlin, pag. 100, ist davon nichts zu finden), so bei Granson (pag. 25), Fussach (pag. 45), Schwaderloh (pag. 51), Frastenz (pag. 56) u. s. w.

Einen ähnlichen Eindruck wie diese Verallgemeinerung machen die steten Wiederholungen über den Zweck des ersten Buches. Wir haben es als nicht geringes Verdienst Pirckheimer's bezeichnen müssen, dass er pragmatisirend dem

---

[1]) Abgedruckt in V. Anshelm's Chronik, ed. Stierlin u. Wyss II, pag. 402—413.

Schwabenkrieg die frühere Schweizergeschichte vorausschickte. Er gibt, wie wir wissen, die Begründung hiefür gleich zu Anfang seines Werkes an. Aber ebenso, wie er die genannten Ideen über Disciplin, Furcht vor der feindlichen Reiterei etc. überall vorbringt, so weist er auch bei jeder Gelegenheit auf jene Motivirung zurück. Schon nach der Vertreibung der Vögte (pag. 5) sagt er: Als die Vögte und die Adligen (dass diese mit dabei waren, muss noch besonders betont werden) vertrieben waren, verbanden sich mit den Schweizern (Suitensibus) alle diejenigen, deren Frauen und Kindern Gewalt angethan worden war, oder denen sonst ein Unrecht geschehen war, im Glauben, die Stunde sei jetzt gekommen, erlittenes Unrecht zu rächen (acceptas ulcisci injurias, auch eine jener Phrasen, welche so oft vorkommen, dass man nicht weiss, wann man sie ernst nehmen darf). *Dadurch wuchs ihre Zahl in Kurzem so und wurde so unermesslich gross, dass sie auch den Fürsten furchtbar zu werden anfing.* Desgleichen wiederholt er nach der Aufnahme von Zug und Glarus den Gedanken, (pag. 8), damit man ja den angegebenen Zweck nicht vergesse. Als die Eidgenossen und Zürcher Frieden gemacht haben, wagen weder die österreichischen Herzoge noch der Adel etwas gegen sie zu unternehmen (pag. 19). Als vollends noch Mülhausen und Schaffhausen dem Bunde beitraten (pag. 20), ward die Macht der Eidgenossen so stark, ut quotidie foederatorum excrescerent vires, ac termini dilatarentur, jamque intolerandi viderentur.

Wenn wir so mit ansehen, auf wie unliebsame Weise sich das hohe Alter des Autors fühlbar macht, müssen wir uns da nicht immer wieder fragen, wie es gekommen sei, dass Pirckheimer erst im letzten Jahre seines Lebens zur Abfassung dieses Buches geschritten ist, während er doch das Material dazu schon längst beisammen hatte. Und unwillkürlich fragen wir uns, ob er doch nicht vielleicht schon während des Krieges daran dachte, diesen zu beschreiben. Wir glauben mit einem entschiedenen Nein antworten zu dürfen.

Dass Pirckheimer schon im Verlauf des Feldzuges Aufzeichnungen machte, das beweist auf's Unwiderleglichste die bis in alle Einzelheiten genaue Schilderung sämmtlicher Vorgänge, an denen er selbst Theil genommen hat. Er musste dies schon thun, weil er von Amtswegen verpflichtet war, seinem städtischen Rathe über das jeweilen Vorgefallene genau Bericht zu erstatten. Und da liegt es nun nahe, zu vermuthen, dass er seine Erlebnisse nicht nur den amtlichen — und deutsch geschriebenen — Missiven anvertraute, sondern dieselben auch sorgfältig — vielleicht lateinisch — in seinem Diarium aufnotirte, wie wir Spuren solcher Aufzeichnungen bei der Schilderung der Tage von Granson und Murten anzunehmen genöthigt sind. Ist es doch überhaupt nichts Ausserordentliches, wenn ein Mann von der Bildung und der Stellung Pirckheimer's die ereignissreichen Tage einer so wichtigen Episode seines Lebens in sein Tagebuch aufzeichnete, auch ohne den speciellen Zweck späterer Veröffentlichung.

Aber dürfen wir wirklich nicht annehmen, dass er schon während des Krieges an eine spätere Veröffentlichung dachte? Nein, die gewichtigsten Gründe sprechen dagegen. Der einzige Fall, der sich denken liesse, wäre der, dass Pirckheimer die Beschreibung seiner Erlebnisse, zugleich mit dem, was die andern gethan oder auch nicht gethan, publicirt hätte, nun recht ostentativ die Verläumdungen, denen er ausgesetzt war, zu kennzeichnen. Es wäre also eine Art Streitschrift, eine oratio pro domo geworden. Doch auch dies ist kaum anzunehmen. Der Kaiser hatte ja jenen hinterlistigen Neidern und Feinden nie das Ohr geliehen, er hatte sich im Gegentheil Pirckheimer immer mehr genähert und ihn zu seinem offenkundigen Freunde gemacht. Was für einen Zweck hätte da noch eine solche Vertheidigungsschrift haben können?

Aber auch von einer objectiv-historiographischen Aufzeichnung haben wir abzusehen. War doch Pirckheimer damals, als er den Krieg mitmachte, der humanistische Schriftsteller noch nicht, als welchen wir ihn 15, 20 Jahre später antreffen. Den humanistischen Ideen ist aber zum guten Theil, wie wir gesehen, die Entstehung des B. S. zu verdanken. Es ist vielmehr der praktische Staatsmann, den wir

da vor uns haben, den Mann in der Blüthe seiner Jahre, den
die Betheiligung an der Politik viel mehr beschäftigte als das
zurückgezogene Studium bei der Studierlampe. Was aber
geradezu unwiderlegbar beweist, dass er damals an eine
öffentliche Beschreibung des Krieges nicht dachte, ist der
Umstand, *dass er über Alles, woran er nicht selbst mitbetheiligt
war, nur so mangelhaft unterrichtet ist, was bei seinem
engen Freundschaftsverhältniss mit Max gar nicht zu erklären wäre.* Würde er doch von diesem ruhmliebenden
Fürsten vernommen haben, was er nur wünschte, wenn er
die leiseste Aeusserung von einer solchen Absicht gethan hätte.

Ueber die Situation, wie sie vor seinem Eintreffen auf
dem Kriegsschauplatz bestand, hat er neben vielem Falschem
einiges Richtige. Warum auch nicht, er hatte ja seinen
Etterlin, und dann wird über die verschiedenen Vorfälle so
viel gesprochen und erzählt worden sein, dass es ein Wunder
zu nennen wäre, wenn sich darunter nicht auch einiges
Wahre befunden hätte. Ueber das Niveau einer ganz ge-
wöhnlichen Lagerinformation gehen Pirckheimer's Nachrichten
aber auch keinen Schritt hinaus.   .

Noch auffälliger ist sein Nichtwissen bei allen den
Punkten, welche nicht direct die Kriegsführung betreffen,
also die diplomatischen Schachzüge, die Einleitung zum Krieg,
die Einwirkungen Ludwig's XII. und Lodovico Moro's, und die
Friedensunterhandlungen. Für alles dies ist Etterlin seine Quelle,
und wo ihn dieser im Stiche lässt, da sind es Erinnerungen, wie
sie ein Mann über solche Dinge nach 30 Jahren noch haben
kann, das heisst, es sind Dinge allgemein bekannter Natur,
vielleicht wahr, vielleicht aber auch nicht. Wie sehr irrt er
sich beispielsweise, wenn er in Beziehung auf die Abtretung
des Landgerichtes über den Thurgau meint,[1]) dass Constanz
hiezu seine Einwilligung gegeben habe, um sich dem Kaiser
willfährig zu erweisen (ut Caesari gratificarentur). In That

----

[1]) B. S., pag. 98.

und Wahrheit aber wurde die Stadt gar nicht um ihre Meinung gefragt. [1]) Und wie gründlich irrt Pirckheimer, wenn er (pag. 96) schreibt: Interea *Gallorum Rex Carolus* cum temporis oportunitatem advenisse putaret, qua *injurias a* Mediolani Duce Ludovico *acceptas vendicare* posset *(instigante etiam Ludovico Aureliensi Duce, qui postea illi·in regno successit)* ... und das vom Sommer 1499, als das „postea" bald schon 1½ Jahre geschehen war.

Verlangen wir doch von dem Büchlein nicht mehr, als billig ist Es ist erwachsen aus dem Wunsch, Erinnerungen aus denkwürdigen Tagen schriftlich zu fixiren; verbunden mit den bekannten Ideen vom Werthe historischer Aufzeichnungen etc. ist daraus die Geschichte des ganzen Krieges geworden.

Aber der Gedanke kam spät! Des Materials, das ihm vorlag, war wenig; was er nicht aufnotirt vorfand von Vorfällen über jenen Krieg, darüber hatte er nur schwache verwischte Erinnerungen und konnte nur solche haben. Ist so — neben seinem Character als humanistisches Geschichtswerk — die späte Abfassungszeit des Buches die Quelle für zahlreiche Unrichtigkeiten und Ungenauigkeiten, so bürgt uns dafür wenigstens die leidenschaftliche Natur des Mannes, welcher offen und ehrlich seinem Zorn und Grimm Lauf lässt, dass zu den unabsichtlichen Fehlern nicht noch absicht-

---

[1]) Was Ulmann selbst nachgewiesen hat, pag. 795. Zu vergleichen hierüber ist auch, was Dr. *Werder* in s. Abhandlung über „Konstanz u. d. Eidgenossenschaft", Basel, 1885, sagt. Pag. 6 heisst es da: „Aber gerade hieran (am Besitz des Landgerichts) hielten die Konstanzer mit aller Zähigkeit fest. Sie hatten durch den Krieg schon übergenng verloren. Noch am 14. Aug. 1499 hatte ihnen Max in Anbetracht des schweren Schadens, den sie erlitten hatten, die schriftl. Zusicherung gegeben, dass er sie nie vom Landgericht Thurgau drängen lassen werde. Und dennoch fiel nun in Folge des Friedens den Eidgenossen und zwar den X Orten, die lang ersehnte Beute zu." So der neueste Darsteller dieser Dinge.

liche kommen. Wo er Falsches berichtet, da geschieht es
unwissentlich. Das Einzige, bei dem er bewusste Aenderungen vornimmt, wie sie einem heutigen Historiker den Vorwurf absichtlicher Parteilichkeit zuziehen müssten, das sind
einige Angaben Etterlin's über die Grösse der beidseitigen
Streitkräfte. Aber wir haben keinen Grund anzunehmen,
dass er nicht wirklich fest von ihrer Unrichtigkeit überzeugt
gewesen ist. So berichtet z. B. Etterlin, dass beim Bruderholz die Zahl der eidgenössischen Knechte 800, die der kaiserlichen bei 8000 betragen habe.[1]) Pirckheimer ändert das Verhältniss 800 : 8000 discret um in das von 2000 : 6000 (vix
duorum millium explebant numerum). Tragen wir gleich hier
nach, dass laut dem gleichzeitigen Berichte Hans Ungelter's
an Esslingen das Heer Friedrich Kapler's (des kaiserlichen
Anführers) aus nur 2500 Mann Fussvolk und etlichen reisigen
Zügen bestanden hat,[2]) um zu zeigen, dass Pirckheimer
nicht etwa doch hierüber aus erster Hand informirt war.
Andere Male fügt er übrigens offen hinzu, dass ihm die Berichte „der Schweizer“ — er meint damit Etterlin — falsch
vorkommen, so z. B. bei der Verlustliste von Dornach. Nachdem er hier zuerst ohne Bedenken aus Etterlin den Verlust
der Kaiserlichen auf 4000 Mann angegeben und den Tod der
Grafen Fürstenberg, Castelwart und Pitsch erwähnt hat,
fährt er fort: Helvetii licet interfectorum suorum numerum
ut solent extenuent; constat tamen illos non minorem, quam
Caesarianos calamitatem perpessos esse ...[3]), ein etwas un-
dankbares „ut solent“ dem Chronisten gegenüber, dem er
nahezu Alles verdankt! Etterlin gibt nämlich den Verlust der
Eidgenossen auf „me den hundert“ an,[4]) und das mochte
Pirckheimer mit Recht zu niedrig taxirt finden.

[1]) pag. 235.
[2]) Klüpfel, pag. 309.
[3]) B. S., pag. 85.
[4]) pag. 250.

Es geben also selbst diese am Meisten bewussten
Aenderungen keinen Anlass, ihm absichtliche Täuschung
vorzuwerfen. Schliesslich muss man sich ja auch sagen, dass
zu solchen gar kein vernünftiger Grund vorgelegen hätte.

Quellen.

Spricht man vom Werthe einer Geschichtsdarstellung,
so ist es unerlässlich zu wissen, ob und was für Quellen
derselben zu Grunde gelegt sind. Den Einen Gewährsmann
Pirckheimer's für sein B. S. haben wir schon öfters zu nennen
Gelegenheit gehabt, es ist *Petermann Etterlin*, dessen „Kronika
von der löblichen Eidgnoschaft" im Jahr 1507 erschien.
Etterlin bildet recht eigentlich die Basis des ganzen Werkes
über den Schweizerkrieg. Abgesehen von Pirckheimer's
eigenen Erlebnissen kommt alles andere daneben kaum in
Betracht. Von den Anfängen der Eidgenossenschaft an un-
unterbrochen bis zum Ende des Schwabenkrieges zieht sich
die Benutzung dieser prächtigen Chronik durch. Wo eine
Unterbrechung eintritt, da ist es nicht etwa, weil Pirckheimer
die Nachrichten derselben unglaubwürdig findet, sondern mehr,
um durch eigene Erinnerungen oder erweiternde Berichte
anderer Autoren die Darstellung zu vervollkommnen und
etwas Abwechslung hinein zu bringen. *Das ganze erste Buch
dürfen wir einen in's Humanistische übersetzten Etterlin
nennen.* Auch im 2. Buch braucht ihn Pirckheimer noch
fleissig, erst mit Pirckheimer's eigenem Eintreffen hört
er auf, die leitende Quelle zu werden. Die letzten Spuren
einer Benützung Etterlin's finden sich dort, wo Pirckheimer
von dem Einmarsch der Franzosen in Mailand und den Be-
mühungen des mailändischen Agenten Gian Galeazzo Visconti,
die Friedensunterhandlungen zu beschleunigen, spricht. [1]

---

[1] B. S., pag. 96, Etterlin, pag. 257 u. 258.

Man könnte sich mit dieser Angabe begnügen, wenn es
für die Kenntniss der humanistischen Historiographie nicht
im höchsten Grade interessant wäre zu wissen, *wie* denn diese
Benützung geschah. Es ist vielleicht ein in der ganzen
deutschen historischen Literatur einzig dastehendes Beispiel,
dass zwei Geschichtschreiber von vollständig verschiedener
Natur und Richtung so eng verbunden sind wie Etterlin und
Pirckheimer, dass man sie Satz für Satz gegenüberstellen und
vergleichen kann. Wie im 15. Jahrhundert im sonnigen
Glanze voller Jugendfrische die italienische Decoration
der Renaissance parallel mit der glorreich noch einmal all'
ihre Kräfte zusammenfassenden gothischen Decoration Deutschlands geht, beides Ausstrahlungen höchster künstlerischer Kraft,
so gehen beinahe um dieselbe Zeit die beiden Richtungen
der Geschichtschreibung nebeneinander her. In Etterlin haben
wir einen liebenswürdigen und ehrenwerthen Vertreter der
alten chronistischen Erzählungsweise, in Pirckheimer ein
Glied des an die antike Welt sich anlehnenden Gelehrten-
kreises. Und für das Werk des letztern bildet das des Chronisten
die unmittelbare Grundlage. Wir haben in dem Kapitel, wo
wir über den humanistischen Charakter des B. S. gesprochen
haben, die Wandlungen geschildert, die bei diesem Processe
zu Tage treten. Es ist, um es kurz zu resümiren: das durch
die Anwendung der lateinischen Sprache sich bildende antik-
isirende Colorit, und der Verlust des originellen anschaulichen Ausdrucks; die leisen Anfänge einer historischen Kritik; Concentration
des Stoffes durch Fernhaltung alles dessen, was sich nicht
auf den dargestellten Gegenstand bezieht; unbefangene Veränderung des gegebenen Materials durch Einschieben anek-
dotenhafter Züge, eigenmächtiger Motivirungen u. ä. Wie
durch all' das, die einzelnen Facta verändert werden, das
werden wir im Verlauf dieses Kapitels sehen.

Ausser Etterlin hat Pirckheimer im 1. Buch noch
Biondo von Forli, *Hümmerlin* und *Enea Silvio's* „Europa" als
Quelle benutzt, wenn man das Herübernehmen einiger kurzen
Notizen überhaupt so nennen darf. Von diesen dreien ist es
einzig Biondo, den er — pag. 17 — mit Namen anführt. Es

dreht sich um die Schlacht bei Arbedo (Etterlin pag. 162)
im Jahr 1422. Von Biondo[1]) entnimmt er den Namen des
italienischen Anführers, die Verlustangabe der beidseitigen
Gefallenen, und die Zahl der Eidgenossen überhaupt. Blondus
von Forli schreibt, wie Pirckheimer erzählt, gleich den übrigen
Italienern — ut est gens in laudes suas effusissima — den Mai-
ländern den Sieg zu, die Schweizer aber sagen, sie hätten
gesiegt, und führen als Beweis eine ganze Menge Kriegszeichen (signa militaria quam plurima) an, die sie dem Feinde
abgenommen. Sehen wir uns nun aber doch zur Controle nach
der Stelle um, wo von dieser Menge erbeuteter Kriegszeichen
die Rede sein soll. Etterlin a. a. O. meldet: nütz dester
minder behuoben sy (die Eidgenossen) das veld, vnd ge-
wunnent *ein Haupt Panner.* . . . Aus diesem Einen werden
bei Pirckheimer quam plurima. Von Etterlin hat er abgesehen hievon die Ursache des Zuges und die Angabe der
Gefallenen, die er aber auch wieder nicht genau bringt.
Etterlin sagt, die Mailänder hätten 900, die Eidgenossen
375 Mann verloren, Pirckheimer abrundend 1000 und 500.
Und zwischen hinein bringt er Notizen, die seiner eigenen
Phantasie entstammen, wie z. B. dass die Schweizer die verräthe-
rische Wegnahme von Bellenz der Kriege wegen, von denen
sie überall bedrängt gewesen seien, nicht sofort hätten rächen
können, sondern erst, nachdem sie ihrer andern Feinde Meister ge-
worden seien, was sich weder in Biondo noch Etterlin findet.
Letzterer sagt sogar geradezu, es sei (Bellenz) in der heiligen
Zeit vor Ostern in dem obgenannten Jahre abgestohlen
worden. So wenig Vertrauen dürfen wir Pirckheimer in seinen
Einzelheiten schenken. Biondo von der Kriegsführung der
Schweizer redend, nennt diese eine gens effera. Pirckheimer
benutzt dies gleich zu einer Motivirung: verum Mediolani
Dux periculosum ratus, gentem tam efferam habere vici-
nam. . . . Während Biondo einfach erzählt, dass die

---

[1]) Cf. Biondo's Decaden, Basler Ausg., 1559, pag. 400.

Schweizer ohne Ordnung über die Alpen gezogen seien, so dass sie nur zur Hälfte an der Schlacht hätten theilnehmen können, will Pirckheimer, der alles psychologisch zu begründen sucht, wissen: Dum enim timent, ne victoriam e manibus emittant, totius exercitus partem praestolari indignum ducunt, ac cum quatuor millibus solum ... invadunt.

Aus Felix Hämmerlin's Dialogus hat er fast wörtlich die Schilderung der Verwüstung der Zürcher Weinberge und Obstgärten. Hämmerlin schreibt:[1] porro quoque vineas vites arbores fructiferas et fertilissimas radicitus evulserunt. Pirckheimer:[2] „agerque vitibus ac fructiferis consitus arboribus foede est vastatus." Ebenfalls für die Darstellung des Zürichkrieges muss aushelfen Enea Silvio.[3] Aus ihm hat Pirckheimer die Nachricht, dass die Schweizer die Leichname der Zürcher mit den Zähnen zerrissen und ihr Blut getrunken hätten, aus ihm weiss er, dass sich den Armagnaken deutsche Ritter angeschlossen,[4] von ihm hat er erfahren, dass die Zahl der Eidgenossen 4000, die der Feinde 30,000 betragen habe,[5] ihm verdankt er die Kenntniss des heldenmüthigen Kampfes der Eidgenossen, von Enea mag er auch die Nachricht haben, die übrigens verbreitet war, dass der Dauphin das Basler Conzil habe sprengen wollen. (Op. pag. 574: die oratores bitten: ne vel Consilio vel Civitati noceat; der Dauphin beruhigt die Herren, es sei nicht auf

---

[1]) Thesaurus, Dial., pag. 4.

[2]) B. S., pag. 18.

[3]) Cf. B. S., pag. 19 u. *Aeneae Sylvii Piccolominei* Senensis Opera quae extant omnia, Basel b. Petri, pag. 438: Tantaque Suitensium in victos hostes crudelitas ac rabies fuit, ut eo ipso loco partae victoriae epulantes, congestis necatorum corporibus et mensalia et sedilia ex illis apparaverint, et aperientes hostium cadavera cruorem biberint, corda dentibus laniaverint.

[4]) Op., pag. 573.

[5]) Op., pag. 439.

das Conzil abgesehen ; ajunt, Delphinum vocatu regis contra Suitenses venisse. Vrgl. dazu auch, was pag. 64 hierüber gesagt ist).

Urkunden bringt Pirckheimer keine, wie denn überhaupt die Betrachtung der politischen Verhältnisse das Schwächste am ganzen B. S. ist. Seine Mittheilungen über die politischen Hergänge sind gering an Werth, zumeist sind es ausserdem Entlehnungen aus Etterlin, wo er selbstständige Urtheile hat, sind dieselben vag und schwach. Eine Betrachtung über den Verlust, den das Reich durch die Abtrennung der Eidgenossenschaft erlitten, stellt er nie an, was freilich auch davon herrühren mag, dass er dieselbe trotz des Krieges noch immer für ein deutsches Land ansah.[1] Das Einzige Urkundliche, was er hat, das ist die schon erwähnte Liste der vertriebenen Adelsgeschlechter aus dem Manifest Maximilian's, und die schweizerische Kriegsordnung (pag. 41), die er aber auch nicht wörtlich anführt.

Neben all' dem kommen für Buch I noch einige persönliche Erinnerungen aus dem uns bekannten zweimaligen Aufenthalt in der Schweiz hinzu, während für die Schilderung des Schwabenkrieges die eigenen Erlebnisse und das, was er von andern damals gehört hat, den Hauptinhalt des Buches ausmacht, so das wir für das zweite Buch folgende drei Quellen constatiren können:

1) Eigene Erlebnisse („quae coram vidi et aspexi").

2) Erzählungen vom Hörensagen (quae aliorum relatu aut fama percepi"[2]).

---

[1] Darauf deutet wenigstens die Stelle, wo er (pag. 101) vom Verrath Lodovico's spricht: Helvetii ... illum turpissime deseruere ... prodidere ... auri fame illecti non tantum in ignominiam propriam, *sed in perpetuum universae Germanicae nationis contumeliam, quae ob tam nefandum Germanorum hominum commercium pessime apud exteras nationes audire cogitur.*

[2] B. S., pag. 3.

3) Etterlin, dieser ist nicht nur Quelle für eine Menge
Einzelheiten, er ist auch massgebend für den ganzen
Gang der Darstellung, sofern es sich natürlich nicht
um die von Pirckheimer selbst erlebten Dinge handelt.

. Von Quellenkritik treffen wir ausser den erwähnten
Zweifeln wegen der schwedischen Abstammung, sowie ausser
den wenigen Aenderungen der Verlustangaben, nicht die
leiseste Regung. Was Ranke in seiner Untersuchung über
Sarpi und Pallavicino von der Geschichtschreibung des 16.
und 17. Jahrhunderts überhaupt sagt, das kann man mit
vollem Recht speciell auch auf Wilibald Pirckheimer's B. S.
anwenden: Man hatte sich noch nicht an die Aufgabe gemacht, weder die Materialien in gleichartiger Vollständigkeit
zu sammeln, was ohnehin so schwer zu erreichen ist, noch
auch sie erst kritisch zu sichten, auf unmittelbare Kunde zu
dringen und endlich den ganzen Stoff geistig durchzuarbeiten.
Man begnügte sich, die im Allgemeinen als glaubwürdig be-
trachteten Schriftsteller nicht sowohl zu Grunde zu legen als
geradezu herüberzunehmen: ihre Erzählungen ergänzte man,
wo es thunlich war, durch die neuen Materialen, die man
zusammengebracht hatte, und an den gehörigen Stellen ein-
schaltete. Dann war die Hauptbemühung diesem Stoff einen
gleichmässigen Stil zu geben.[1]

Kritischer Ueberblick
über das erste Buch des Bellum Suitense.

Nachdem wir bis jetzt den Versuch gemacht haben,
systematisch die Art und Weise darzustellen, wie Pirckheimer
seine Aufgabe, Geschichte zu schreiben, aufgefasst hat, wollen

[1] Vergl. *M. Ritter*, Studien über d. Entwicklung d. Geschichtswissenschaft, Sybel'sche Zeitschrift, 1885.

wir zum Schluss an Hand der von ihm erzählten Ereignisse
die wichtigsten derselben einer kurzen Kritik unterziehen.
Wir können uns um so kürzer fassen, als die verschiedenen
Seiten der Pirckheimer'schen Historiographie in Bezug auf
alle Gesichtspunkte, wie uns dünkt, durch die vorausgegangenen Capitel hinreichend beleuchtet worden sind.

Die Anfänge der schweizerischen Eidgenossenschaft, das
heisst, die Vertreibung der Vögte thut Pirckheimer ganz
kurz ab.[1]) Abweichend von Etterlin meldet er, dass die
Schwyzer zuerst ihre Freiheit errungen hätten. Vischer[2])
vermuthet, dass ihn zu dieser Meinung ohne Zweifel der
Umstand veranlasst habe, dass die Schwyzer es waren, welche
der ganzen Genossenschaft den Namen gegeben — oder denn,
dass er die Nachricht Hämmerlin oder Fabri entnommen
habe. Ich neige mich eher der erstern Ansicht zu, da
sich Spuren einer Benützung der beiden letztgenannten
Autoren an dieser Stelle sonst nirgends finden. und der folgende Satz: omnes quorum uxoribus vis illata fuerat, *Suiten-*
sibus se junxere, wie mir scheint, mit dringender Nothwendigkeit die Richtigkeit der zuerst ausgesprochenen Vermuthung
beweist. Die Schwyzer werden als der Kern betrachtet, um
den herum sich alle andern gruppiren, und der daher dem
Ganzen auch den Namen gibt.[3])

[1]) B. S., pag. 5; Etterlin. pag. 22—31.

[2]) A a. O., pag. 71.

[3]) Gerade die Stelle: Snitenses primum, deinde Urienses et
Underwaldenses, excusso jugo in libertatem se vindicare coeperunt...
ist für mich ausschlaggebend gewesen, entgegen der Ansicht Vischer's
a. a. O. eine Benützung Glarean's und Myconius' nicht anzunehmen.
Denn abgesehen davon, dass für den ganzen Verlauf der Erzählung
die Benützung Etterlin's gesichert ist, scheint es mir undenkbar,
dass bei dem verhältnissmässig sehr kurzen Bericht, den Glarean
über die Befreiung gibt, P. gerade den Satz ignorirt haben sollte,
mit welchem jener die Schilderung Uris beschliesst:

Bei der Erzählung der Schlacht von Morgarten[1]) spielt die Anekdote mit dem Narren, welche beim Luzerner Schilling anlässlich der Schlacht von Sempach erzählt wird,[2]) die Hauptrolle, der Rest wird mit vier Zeilen abgethan. Es kennzeichnet Pirckheimer's Vorliebe für solche Züge, man vergleiche nur hiemit die Schlachtschilderungen von Granson, Murten, Frastenz und Dornach.

Bei der Schlacht von Laupen[3]) legt Pirckheimer dem Rudolf von Erlach die oben citirten Worte über den Werth einer guten Disciplin in den Mund, statt ihn die echt volksthümliche Ansprache halten zu lassen, die er in Etterlin vorfand. Pag. 6 schreibt er: Nam in castris hostilibus praeter equitatum ingentem ultra triginta millia peditum militabant, quorum Duces erant, Comites de Kyburg, de Fallendis, de Neuburg, Barones de Fürstenberg, Nidau etc. Die Zahl der Feinde hat er aus Etterlin (pag. 49), ebenso die Namen der Anführer (pag. 48), unter welchen nach Pirckheimer auch der Graf von Kyburg sich befindet. Allein was finden wir über denselben in Etterlin: Aber graff Eberhart von Kyburg der kam *mit* mit sinen lütten gen Loupen, Dann als er komen war biss gen Arberg, do versumpt er sich, das jm darnach wol kam. Das Beispiel ist sprechend.

Interessant ist die Zusammenstellung der beiden Schilderungen von der Schlacht bei Sempach, um so interessanter,

---

Haec nostri fons imperii quae prima tyrannos
Corripere est ausa, et volitanti plectere ferro
(Panegyricon, pag. 16, Thesaurus). Bei Etterlin's weitläufigerer Erzählung ist eine solche Aenderung leichter möglich, umsomehr, als hier die Geschichte mit dem „Stöffacker" sehr in den Vordergrund tritt. Uebrigens ist, auch schon von Vischer die Vermuthung ausgesprochen worden, Etterlin möchte als P's Quelle gedient haben.

[1]) B. S., 5 u. 6; Ett., 39—41.

[2]) *Dieb. Schilling*, Schweizer Chronik, ed. 1862, pag. 10.

[3]) B. S., 6—8; Ett., 47—56.

als der Pirckheimer'schen Darstellung die Ehre zu Theil geworden ist, in einem vielberühmten Handel als Zeugin aufgerufen zu werden. Schauen wir uns, bevor wir auf dieses Verhör näher eintreten, die Beschreibung der Schlacht überhaupt an.

Pirckheimer erzählt, dass im Jahr 1386 Herzog Leopold II.[1]) von Oestreich sich mit grossem Heer zur Belagerung von Sempach aufgemacht habe. Die Eidgenossen beschlossen, die Stadt mit einer Besatzung zu schützen, 1400 auserlesene Krieger sandten sie hin. Da traf es sich, dass der Zug der Schweizer am gleichen Tage wie das Heer Leopold's bei Sempach eintraf. Als der Herzog die Ankunft des Feindes erfuhr, rüstete er sich zum Kampfe. Die kleine Anzahl der Gegner verachtend liess er jedoch das Fussvolk im Lager zurück, in dem zuversichtlichen Glauben, allein durch die Zahl der Reiterei die Feinde erdrücken zu können („existimans equorum tantum numero adversarios obrui posse," wie es von Laupen hiess: equites, qui et ipsi jam laxatis habenis in eos ruebant, adoriuntur, adeo ob paucitatem contempti, ut nobilibus risum moverent, ac si solum equorum ungulis atteri possent.") Die Zahl der Reiterei war nämlich doppelt so stark als das feindliche Fussvolk, doch die Eidgenossen wurden durch die Menge der Gegner nicht erschreckt; mit den Waffen wollten sie sich den Weg bahnen oder dann in ehrenvollem Tode unterliegen. Und nicht zerstreut oder unordentlich standen sie, sondern in aufgestellter Schlachtordnung, jeder gehorchte den Befehlen und hielt pünktlich die Ordnung inne. Die Reiter nun sprengten, sobald sie das Schweizer Heer erblickten, mit

---

[1]) Dass es der Zweite des Namens sei, ist falsch; Etterlin sagt es nicht, man muss daher wohl annehmen, dass P. es sich aus dem Umstande abstrahirt habe, weil bisher nur Ein Leopold in seiner Erzählung vorkam (der von Morgarten). Bei Sempach fiel bekanntlich Leopold III.

verhängten Zügeln und feindlich gesenkten Speeren[1]) gegen
die Mitte hin. Die Schweizer aber, ihre *längeren* Lanzen vor-
haltend, erwarten die Feinde trotzig. Ein heftiges Treffen
beginnt, da jene durchzubrechen suchen, die andern lieber
an Ort und Stelle fallen wollen, als zurückweichen. Durch
Flehen und Züchtigungen sucht der Herzog die Kämpfenden'
anzufeuern und einige Male stellt er auch das Treffen wieder
her. Er erfüllt die Pflichten eines ausgezeichneten Führers
und eines tapferen Soldaten. So lange er lebt, weichen die
Ritter nicht. Endlich aber fällt er, und mit ihm ungefähr
400 Edle und eine unzählige Schaar anderer. Nach diesem
schrecklichen Blutbad flieht wer noch übrig ist; auch das
Fussvolk, das noch im Lager zurückgeblieben war, flieht:
das ganze Lager fällt als Beute den Eidgenossen anheim.
Von den Siegern fielen 200, viele waren verwundet. Weil
sie keine Reiter hatten, konnten sie den Feind nicht verfolgen. Den Herzog mit den andern Führern bestattete man
im Kloster Königsfelden. (Folgt die Erwähnung des Sempacher-
briefes.)

Das ist die Schilderung der Schlacht von Sempach durch
Pirckheimer, von welchem Otto Kleissner in seiner Abhandlung über „die Quellen zur Sempacher Schlacht" rühmt, dass er
durchaus keine unklaren Vorstellungen über die Sempacher
Schlacht habe, „er zeigt sich über dieselbe ganz wol unterrichtet und gibt von ihr eine recht lesenswerthe Schilderung."[2])

Scheiden wir zuerst einmal aus, was Pirckheimer von
Etterlin hat: Die Sammlung eines grossen Heeres durch
Herzog Leopold; dessen Entschluss vor Sempach zu ziehen,
das Datum 1386, das Eintreffen am selben Tage, die Anzahl

---

[1]) infestis cuspidibus, man denkt unwillkürlich an den Angriff
römischer Cohorten.

[2]) A. a. O., pag. 55.

der Eidgenossen, [1]) den Uebermuth der Feinde, den Tod Herzog Leopold's und der 400 Adligen, die 200 gefallenen Schweizer, [2]) die Beute, und die Bestattung im Kloster Königsfelden.

Was bleibt nun noch übrig? Von bestimmten Angaben keine, nichts als Decoration, eigenmächtige Ausmalung. Die Schilderung des Hochmuths in dem Zurücklassen des Fussvolkes im Lager, zu welchem Zug er unzweifelhaft griff, um dann die Niederlage begreiflicher — und für Herzog Leopold weniger unehrenvoll zu machen. Hätte er schon von Winkelried und der Flucht der Trossknechte gehört, so würde er wahrscheinlich nicht zu dieser Erfindung gegriffen haben. Sodann die Reflexion Leopold's und der Schweizer, die Aussage, dass die österreichische Reiterei nicht sowohl durch Waffen und Muth als durch ihre Menge sich ausgezeichnet habe; die bekannte fixe Idee von der trefflichen Schlachtordnung der Schweizer, der Angriff zu Pferde, die längeren Spiesse der Eidgenossen, [3]) deren Gebrauch er unbedenklich von der Zeit des Schwabenkrieges aus in jene Zeit verlegt. Ueber den daraus resultirenden Widerspruch mit dem historischen Schlachtbild haben wir hier uns nicht weiter auszulassen, es wäre bei der totalen Werthlosigkeit der Pirckheimer'schen Darstellung verlorene Zeit. Züge, die von ihm herrühren, sind dann ferner noch die tapfere Haltung Leopold's, die mit den gleichen Worten geschildert wird, wie diejenige Karl's des Kühnen bei Granson von Pirckheimer selbst, wie die Catilina's bei Pistoria von Sallust, und wie diejenige

---

[1]) Etterlin sagt zwar 1300, P. 1400, aber wir kennen solche Aenderungen hinreichend, um uns dadurch nicht irre machen zu lassen.

[2]) zu welcher Notiz er dann noch das sehr überflüssige: multi sunt vulnerati hinzufügt.

[3]) Nach *Dändliker*, Schw. Gesch. I, 509 entbehrten die Schweizer damals noch der langen Spiesse.

Alexander's bei Gaugamela von Curtius Rufus; [1]) und schliesslich die Mittheilung, dass die Schweizer die Feinde wegen
Mangels an Reiterei nicht hätten verfolgen können, während
Pirckheimer drei Seiten weiter in Etterlin folgenden Satz
lesen konnte: „Es ist ouch ze wüssend das in dem obge-
nanten Stritte der fygenden vil entrunnent, do das veld ward
behept, *die alle vff der waldstatt beliben werent, hetten die
anderen so dar by warent jnen nachgefolgt, vnd nit geblündret,
ee das der Stritt gentzlichen erobret ward vff ein ende.*"

Kleissner will die Unhaltbarkeit der Winkelriedthat beweisen, zu diesem Zweck muss auch Pirckheimer heran, weil
er den Tod Wollebs bei Frastenz in einer der Winkelriedsthat ähnlichen Weise erzählt, einer so ähnlichen Weise, dass
Ranke a. a. O. geradezu glaubte, es sei eine Verwechslung
mit der That des Sempacher Helden. Aus den „Acta"[2]) und
dem „Ursprung"[3]) geht aber evident hervor, dass dies nicht
der Fall ist. Hierüber werden wir jedoch später zu sprechen
haben.

Was aus Pirckheimer's Schlachtschilderung geschlossen
werden darf, ist einzig das, dass er von Winkelrieds That noch nie
etwas gehört hatte. Denn bei seiner Vorliebe für das Anek-

---

[1]) P., pag. 10: Interim Dux pugnantes hortari, nunc precando,
nunc castigando accendere, nonnunquam omissam pugnam aliquot in
locis restituere, et egregii Ducis ac strenui militis fungebatur officio.

Sallust, Catilina, 60, 4: Interea Catilina cum expeditis in
prima acie versari, laborantibus succurrere, integros pro sauciis ac-
cersere, omnia providere, multum ipse pugnare, saepe hostem ferire:
strenui militis et boni imperatoris officia simul exsequebatur. Und
Curtius Rufus, IV, 15, 19: Alexander territos castigare, adhortari,
proelium, quod jam elanguerat, solus accendere ...

[2]) *Acta des Tyroler Krieges*, abgedr. Rätia IV, pag. 111 ff.

[3]) *Vrsprung*, Grundtliche Bewegung, anlass vnd vrsach des
tödtlichen kriegs zwüschendt Maximiliano Römischen Künig vnd dem
pundt zu Schwaben eins vnd den gmeinen Eydtgnossen vnd den

dotenhafte würde er mit beiden Händen nach dieser Geschichte gegriffen haben. Er hätte dann allerdings seine Darstellung ändern müssen, da nach dieser ein Winkelried eher für die Oesterreicher nöthig gewesen wäre. Die Geschichte mit den Stricken lässt er — charakteristisch genug — weg, offenbar weil es ein Zug ist, welcher den Charakter Herzog Leopold's verunzieren würde, und wie er dessen Haltung als eine ruhmvolle schildert, das wissen wir. Es ist auch nicht ausser Acht zu lassen, dass Leopold der Urgrossvater des von Pirckheimer so hochverehrten Maximilian ist.

Nach der Schlacht bei Sempach erwähnt er die Befreiung von Glarus, den Krieg zwischen Bern und Freiburg, die Thaten der Appenzeller, den Handel zwischen Stadt und Land Zug, den Krieg Basels mit der Herzogin von Oesterreich, die Eroberung des Aargaus. Dann kommt das Verzeichniss der vertriebenen Adelsgeschlechter, hierauf, alles wiederum nach Etterlin, der Krieg der Walliser gegen Bern, die Schlacht bei Arbedo, der Zürichkrieg (Pirckheimer 17—19, Etterlin 165—176). Charakteristisch ist hier, wie Pirckheimer, der bei kleinen unbedeutenden Sachen überall den Causalnexus hervorzuheben sucht, die Ursache dieses bedenklichen Krieges nicht anders zu erzählen weiss, als so: „Comes enim de Toggenburg, Turegenses et Suitenses adeo inter se commisit, ut funestissimum conflatum sit bellum." Die Zürcher rufen den Adel herbei, der gerne kommt: ingens itaque bellum ex-

---

Grawpüntern anders Theils gehalten; abgedr. Rätia IV, pag. 13 ff. Das Verhältniss von Acta zu Ursprung hat *Vetter* (Die Quellen zur Geschichte der Schlacht an der Calven, Anzeiger für Schweiz. Geschichte, 1884, pag. 264) so festgestellt:

Anonymus v. 1499, in d. Umgebung d. Bischofs v. Chur geschrieben.

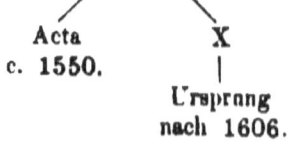

Acta   X
c. 1550. |
           Ursprung
           nach 1606.

arsit . . . suntque magnae clades utrinque illatae et acceptae
(pag. 18).

Ausführlicher erzählt er die Burgunderkriege, da ihm
aus diesen, wie wir wissen, persönliche Erinnerungen zu Gebote stehen. [1] . . . Interessant sind hiebei vor allem zwei
Punkte: seine Anekdoten von Granson und Murten, und
die Beurtheilung der Politik Friedrich's III.

Wir haben in der biographischen Skizze die Vermuthung
ausgesprochen, Pirckheimer möchte anlässlich seiner Gesandtschaftsreise 1519 die Schlachtfelder von Granson und Murten
besucht haben. Dasjenige von Murten hat er auf jeden Fall
betreten, da er es selbst sagt. Ist er aber aus Wissensbe-
gierde einmal bis dorthin gegangen, so wird er wohl auch
nicht versäumt haben, das nicht fern davon liegende Granson
zu besuchen.

In der Beschreibung der Schlacht bei Granson nun, die
er im grossen Ganzen nach Etterlin erzählt, kommt eine
Anekdote vor, welche uns für die Betrachtung der manig-
faltigen *schweizerischen Schlachtenlegenden* nicht so uninteressant
erscheint. Würde einmal an Hand der historisch aufeinander
folgenden Relationen deren Entstehung und allmähliche Weiter-
bildung bis auf Tschudi und Joh. von Müller ähnlich behandelt werden, wie die Entstehung der Tellssage von Wilhelm Vischer, so dürfte Pirckheimer's Darstellung als eine
nicht zu übergehende Quelle zu betrachten sein. Es ist zu
wünschen, dass dieser Versuch bald unternommen wird. Abgesehen davon, dass derselbe einen interessanten Beitrag zur
Kenntniss der mythenbildenden Volksphantasie liefern muss,
kann man durch ihn wohl auch am leichtesten dazu gelangen,
bei der Schilderung der alten Freiheitsschlachten „Wahrheit
und Dichtung" endlich einmal definitiv von einander zu trennen.

Pirckheimer erzählt, dass die Schwyzer, Berner und
Solothurner, als sie auf die Burgunder stiessen, auf die
Kniee gefallen seien und Gott um Hülfe angefleht hätten.

---

[1] Cf. pag. 10 u. 18.

Karl, dieses sehend, habe irrthümlich geglaubt, sie flehen um
Gnade, und habe gerufen, die werde ihnen nicht gewährt,
sondern alle müssten gehängt werden.[1]) Da steht nun aber
ein „quidam" neben ihm, der ihn belehrt, dass das nicht so
gemeint sei: „Non, o Princeps magnanime, hi gratiam petituri,
sed fortiter pugnaturi adveniunt." Worauf der Burgunder
„voll von Bewunderung": Was, diese kleine Schaar will mit
uns kämpfen?

Wer ist dieser quidam, mit welchem der Herzog
dieses erbauliche Zwiegespräch führt? Niemand anders als
der aus Bullinger und allen Lehrbüchern wohl bekannte
Brandolf von Stein. Hören wir nur, wie Bullinger die Sache
erzählt:[2]) „Die Eidgenossen beten, die Burgunder, die der-
gleichen nie gesehen, glauben, sie flehen um Gnade, und
schreien: „Ihr Bös Wicht ihr müssen all sterben." Die Eidgenossen wütschten aber nach vollbrachtem Gebet mannlich
gegen die Feinde an. Allein von der Uebermacht scheinen
sie umringt zu werden. Da erblickt man auf einmal am jenseitigen Berg die Zürcher, Luzerner, Urner, Unterwaldner und
Zuger. Die Sonne scheint auf sie herab, dass es glänzt wie
.

---

[1]) Diese Geschichte erzählt Etterlin ziemlich ähnlich von der
Schlacht bei Sempach. Ich glaube nicht, dass sie P. von hier aus
auf Granson übertragen hat, sondern sie ist ihm 1519, sei es in
Zürich, sei es, was ich für wahrscheinlicher halte, auf dem Schlachtfelde
von Granson mitgetheilt worden. Von Granson erzählt findet sie sich bei
Knebel I, 353; beim *Berner Schilling*, pag. 287; bei *Edlibach* (Mitth.
der antiquarischen Gesellschaft v. Zürich IV, 1846, pag. 150). Namentlich
dieser erzählt den Vorgang in einer der P'schen sehr ähnlichen Weise: in
dem flelend dieselben X 5 C man mit den zuolouffenden knächten uff jre
knüw vnd rüftend gott an vmm gnad nach jrer alten gewonheitten,
als das die brugunschen sachend, meynttend sy, sy weltend sich ergeben vnd renttend gegen jnnen mitt verhengtem zoum vnd schrü-
wend jr müssend alle sterben, won iich beschicht nüt gnad. Von
Anshelm beim Treffen v. Hard erzählt, II, 340.

[2]) *Bullinger,* Von den Tigurinern. Manuscript der Basler
Universitätsbibliothek, pag. 373.

— 119 —

ein stählerner Berg, dazu ertönten ihre Harschhörner. Da frug
der Herzog Brandolfen von Stein: Lieber, wer ist doch das grau-
sam gräulich Volk, sind es auch Eidgenossen? Antwortet Brandolf: Ja, gnädiger Fürst und Herr, das sind erst die echten
alten Eidgenossen. Des erschrack der Fürst vast übel und
hub an die Seinen zu mahnen tapfer zu sein."

Bei beiden Autoren finden wir das Gespräch vor der
Schlacht, Uebermuth auf burgundischer Seite über einen ihnen
ungewohnten Vorfall, Aufklärung durch Einen, der Bescheid
weiss mit darauf folgender Sinneswandlung des Burgunders.
Der kleine Unterschied zwischen beiden ist gerade ein Beweis, dass beide unabhängig von einander aus ein und derselben Quelle geschöpft haben: der unermüdlich weiter
bildenden Volksphantasie. Und das kann bei Pirckheimer
nur geschehen sein, als er 1519 in der Schweiz weilte. Dass
die neueste Forschung nachgewiesen hat, Brandolf v. Stein
sei höchst wahrscheinlich am Tage von Granson gar nicht
beim Herzog gewesen, [1] berührt unser Thema nicht.

Einen ganz ähnlichen Fall treffen wir bei der Schilderung der Schlacht von *Murten* an. Da berathen, so erzählt
Pirckheimer, die eidgenössischen Führer vor der Schlacht,
was zu thun sei. Die Einen, die Kriegserfahreneren, wollen
den Angriff noch verschieben, da die Leute von der
Anstrengung und dem Regen zu ermüdet seien. Man solle
ein Lager schlagen, in welchem sich die Mannschaft er-
holen könne, und morgen schlagen. Die Andern dagegen
schlagen vor, die Sitte der Väter nachzuahmen, welche,
sobald sie den Feind gesehen, ihn auch angegriffen hätten.
Nicht wie stark der Feind sei, müsse man fragen, sondern
wo er stehe.

Während noch hin und her berathen wird, erscheint
auf einmal ein vexillifer, der die ganze Sache kurzweg dadurch

___

[1] Vergl. *Ochsenbein*, Die Schlacht bei Granson, Sonntagsblatt des „Bund". 1876, pag. 74.

entscheidet, dass er mit lauter Stimme ruft: Quicunque Foederatorum rem salvam esse cupit, me sequatur! confestimque elato vexillo pergere coepit, quem statim omnes relictis Ducibus sunt sequuti ... Auch diesen tapfern Gesellen glauben wir als einen alten Bekannten begrüssen zu können. Nach unserer Ansicht ist es nämlich niemand anders als der Bullinger'sche *Felix Keller* von Zürich. Während bei Pirckheimer auch die berathenden Hauptleute nicht genannt sind, hat sich bei Bullinger die Sage schon so weit verdichtet, dass aus den „Duces qui rei militaris peritiores habebantur" ein einziger Führer geworden ist, welchem nun als Verkörperung des tapfern Dreinschlagens eben dieser Felix Keller von Zürich gegenüber gestellt wird. Jener andere aber, der in der Auekdote die Rolle des Fabius Cunctator spielt, erhält ebenfalls einen Namen — es ist kein anderer als *Wilhelm Herter* von Tübingen, Oberanführer des eidgenössischen Heeres bei Murten ...

„Als nun Alles genugsam berathschlagt war, brach man mit allem Volk auf gegen den Wald zu, so erzählt Bullinger die Sache, [1]) denn jenseits desselben stand der Herzog. Als dieser des Aufmarsches gewiss geworden, ordnete auch er sein Volk. Als die Eidgenossen am Wald angekommen waren, hoben sie an, ihre Ordnung zu machen. In diesem Moment kam daher geritten Herr Wilhelm Herter von Strassburg, und zeigte den Eidgenossen in seiner Herren Namen an, dass sie Willens wären, eine starke Wagenburg zu˙ schlagen, in dieselbe sollten die Eidgenossen zu ihnen ziehen. Und wie darauf niemand etwas antwortete, sprach Felix Keller von Zürich: Wollen ihr dan eure leib und gut zu uns setzen, so Komen här zu uns, dan wir wie unsere Vorderen unseren feind den wir da vor uns haben angreifen wöllend und uns in kein läger einlassen. Kaum hatte er das gesagt, so fuhr der Ritter davon und bald kamen Adel und Bundes-

---

[1]) A. a. O., pag. 384.

genossen zu den Eidgenossen mit all' ihrer Macht zu Fuss und Ross." So weit Bullinger.

Auch hier sind zwischen den beiden Versionen kleine Differenzen, [1]) welche aber wiederum nur beweisen, dass kein unmittelbarer Zusammenhang zwischen denselben existirt. Was ist nun aber an der Geschichte Wahres, fragen wir. Besser als bei der Anekdote mit Brandolf von Stein sind wir hier in der Lage, auf den historisch wirklichen Zusammenhang der Dinge hinweisen zu können. [2]) Vor Allem, was die beiden von Bullinger gebrachten Namen betrifft, so sind sie beide aus dieser Geschichte wegzulassen. Wo die Sage selbst sich gebildet hat, lässt sich nicht sagen, die Namengebung ist aber jedenfalls in Zürich erfolgt; neben dem erlauchten historischen Helden der Schlacht musste man noch einen zweiten mythischen haben, und als die Personification des zuwartenden zögernden Princips wird in etwas kleinlicher Eifersucht Wilhelm Herter genannt, auf welchem nach den neuesten Forschungen [3]) nicht die Spur irgend einer an Feigheit erinnernden allzugrossen Behutsamkeit lastet. Wie hat

---

[1]) Der Hauptunterschied besteht, wie man leicht erkennt, darin, dass Bullinger's Felix Keller nicht wie P's vexillifer die Sache durch Wort *und That*, sondern nur durch sein Wort entscheidet. In erster Linie ist er also bloss eine Verkörperung der P'schen „alia pars certaminis avida". Von dieser unterscheidet er sich dadurch eben, dass sein Wort den endgültigen Ausschlag gibt, während dies bei P. erst durch das Auftreten des vexillifer geschieht.

[2]) Ueber den historischen Verlauf d. Schlacht v. Murten ist zu vergleichen d. treffliche Abhandlung v. Oberst *Meister* in Zürich: Betrachtungen üb. d. Entstehen d. Burgunderkriege u. d. Verlauf d. Tages v. Murten; Neujahrsblatt d. Feuerwerkergesellschaft Zürich, 1877; sowie *Ochsenbein*, die Urkunden d. Belagerung and Schlacht von Murten, Freiburg 1876.

[3]) Vergl. *Amiet:* W. Herter, der Held von Murten, Sonntagsblatt des „Bund", 1876. Amiet hat es nicht für werth gefunden, die Bullinger'sche Erzählung auch nur zu erwähnen.

sich aber eine solche Sage bilden können? Vor der Schlacht
fand bekanntlich ein grosser Ritterschlag statt, welcher den
Beginn des Kampfes bis Mittag verzögerte. Eben diese Ver-
zögerung gereichte den Burgundern zum Unheil, indem sie
annahmen, es sei für diesen Tag überhaupt keine Schlacht
mehr planirt.[1] Im eidgenössischen Lager aber erregte sie
beim gemeinen Mann grossen Unwillen, wie es Etterlin, der
die Schlacht mitmachte, ausdrücklich sagt[2]: „Als die (ordnung)
gemacht ward, hielt man mit grossem vnwillen ein wil still,
der ursach halb das man im holtz Ritter schluog...“ Auch
das im Berner Schilling mitgetheilte Schlachtlied weiss davon
zu erzählen[3]):

> Eh' man kam durch den Wald so grün
> Do schlug man mengen Ritter kühn,[4]
> Die man thut wol erkennen:
> Der Hertzog von Lothring, der was der ein'
> Sy redten all zusammen gemein,
> Wir wellen vordann rennen.
>
> Ein schneller Raht der wart gethan,
> Wie man den hertzogen solt griffen an,
> *Do hort ich mengen sprechen:*
> *Ach Gott, wann hat ein Ende die Sag,*
> *Nun ist es doch umb Mitten Tag*
> *Wenn sond wir houwen und stechen.*

Was ist natürlicher, als dass da im Volk die Sage entstand, die „grossen Hansen“, wie im „Ursprung“ die Anführer genannt werden,[5] hätten Bedenken getragen, die

---

[1]) D'Appiano an d. Herzog von Mailand, Ochsenbein a. a. O.,
pag. 313.

[2]) pag. 209.

[3]) D. Schilling, Chronik der Burgunderkriege, pag. 348.

[4]) Den Ritterschlag erwähnt P. soll man sagen auffallender
oder natürlicher Weise nicht.

[5]) Ursprung a. a. O., pag. 54.

Schlacht zu beginnen; was weiter natürlicher, als diesen
zaudernden Herren. die vor lauter Bedenken und Erwägen
zu keinem Entschlusse kommen, einen Mann aus dem Volke
gegenüberzustellen, der ohne langes Studiren nach alter
Väter Weise seine Hellebarte ergreift und frisch den Kampf
beginnt, wodurch dann der Sieg erfochten wird. Es ist der
vexillifer Pirckheimer's, der Felix Keller Bullinger's. Um so
näher lag dieser Zug, als man in der That einen Mann
hatte, der eine solche kühne That ausgeführt hatte: der
Landammann von Schwyz, früher Chätzi, jetzt aber nach
der wol abschlussgebenden Untersuchung Oechsli's zweifellos für immer *Dietrich in der Halden* genannt.¹) Er ist es,
der durch seine kühne Ersteigung des bois des roches den
Kampf wesentlich zu Gunsten der Eidgenossen entscheiden
half.²) Knebel, dem wir die Mittheilung hiefür verdanken,
schildert den Hergang folgendermassen³): sed quidam a manus
de Switz ille fuit ductor, qui ut vir prudentissimus swasit,
non recta via aggredi deberent, sed per declivum montis, uti
bombarde eos nocere non possent. sicque arrepta sua jhesu
(Hellebarte) et relicto equo pedes ivit et precessit exercitum
et duxit oblique quo minus possent feriri et sic aggressus
viriliter obtinuit victoriam. — Der Mann mit der Waffe in der
Hand, der den andern zum Entscheidungskampf vorausgeht
— es ist fast gar nicht anders möglich — ist Pirckheimer's
vexillifer.⁴)

¹) Dr. *Oechsli*: War Ulrich Kätzi oder Dietrich in der Halden
Anführer der Schwyzer bei Murten? Anzeiger für schweiz. Gesch.
1885, pag. 388.
²) Vergl. Meister a. a. O., pag. 39.
³) Knebel, II, pag. 26. Herr Prof. Vischer hatte die Freund-
lichkeit, da der zweite Band von Knebel noch nicht im Druck heraus-
gekommen ist, mir die betreffenden Druckbogen zur Benützung zu
überlassen.
⁴) *Vetter* in s. Abhandlung über d. Benedikt Fontana-Legende
(Jahrbuch für schweiz. Gesch. VIII, pag. 239) scheint anzunehmen,
dass die besprochene Stelle aus P. ein antikes Motiv sei, indem er

Von den übrigen Einzelheiten, die Pirckheimer anführt, ist nichts besonderes zu sagen. Bei der Schilderung des Tages von Nancy schliesst er sich enge an Etterlin an, da ihm für diese Schlacht keine eigenen Erinnerungen vorlagen. Zwei Punkte mögen jedoch noch, weil characteristisch für seine Schreibweise, hier angeführt werden. Die Schlacht von Murten lässt er im Jahre 1467 geschehen, nachdem er für Granson ganz richtig 1476 angegeben hat. Man ist natürlich geneigt, an einen Druckfehler zu denken, aber das ist kaum richtig. Etterlin gibt das Datum ganz recht an, allein in etwas anderer Form als gewöhnlich. Er schreibt pag. 211: „als man zalt von der geburt Jesu Christi vnseres behaltters Tusend vier hundert vnd sibentzig sechss Jar". Pirckheimer, der offenbar nur rasch hinblickte, las 1467 und notirte diese Zahl, ohne weiter darüber nachzudenken.

Seite 214 erzählt Etterlin, wie die Eidgenossen am Tag vor der Schlacht bei Nancy das Lager aufschlugen und jeder zusehen musste, wie er etwas zu essen bekam. Da ward viel Honig gefunden, „daran assend sich gar vil redlich lütten kranck, darumb sy yederman gewarnt, an sollichen enden das ze essen, wann es ist nit ein spiss so ein yeglicher wol tuot." Pirckheimer macht daraus (pag. 33): Pernoctatum est in eo oppido non sine magna fame militum: ex quibus nonnulli vim mellis ingentem ibi inventam devorantes, ita inflati sunt, ut non solum vehementer aegrotare coeperint, sed multi etiam

---

sagt: Freilich kann man bei diesen Humanisten nie wissen, wie weit in ihren Details nicht auch einfache Entlehnung antiker Motive zu lediglich stilistischen Zwecken vorliegt. Vergl. P's Schlacht bei Murten (Streit der Führer). Wir haben gezeigt, dass sich diese Stelle am leichtesten und ungezwungensten durch d. Anlehnung an eine wirklich vorgefallene Situation erklären lässt. Antike Stilisirung kommt ja bei P. vor, allein dass er ganze Geschichten aus d. Alterthum herüber nimmt, dafür findet sich kein einziges Beispiel im B. S.

vitam amiserint. Es sind das alles Kleinigkeiten, aber es ist doch gut, wenn man sich dieselben merkt für Fälle, wo wir keinen Etterlin zur Controle daneben stehen haben.

Schwerer als dieser Mangel an Exactheit in kleinen Einzelfragen wiegt das totale Fehlen einer die gesammten Factoren einheitlich zusammenfassenden Betrachtung. Wir vermissen bei Pirckheimer die Reflexion, die wir von ihm als langjährigem Leiter der Nürnberger Politik wohl erwarten dürften. Gerade die Burgunderkriege hätten für die Darlegung der tiefern Ursachen des Schwabenkrieges — der in gewissem Sinne nur eine Fortsetzung jener ist — das fruchtbarste Thema geboten. Statt dessen, was sehen wir? Pirckheimer erwähnt den *Vertrag von Nancy*, vermittelst dessen Friedrich III. Karl den Kühnen das thun liess, wozu ihm selbst Geld und Energie fehlte; allein er ist weit davon entfernt, die Tragweite dieser Politik zu erkennen, durch welche recht eigentlich das Band zwischen der Schweiz und Deutschland entzwei geschnitten ward.

Doch hören wir zuerst Pirckheimer an. Er weiss,[1] dass einige Zeit nach Aufhebung der Belagerung von Neuss, zwischen Friedrich III. und Karl des Kühnen ein Vertrag abgeschlossen worden ist (17. Nov. 1475), laut welchem unter Anderem Maria, Karl's Tochter mit Maximilian verlobt wurde. Was er weiter davon meldet, dass Karl nach Italien ziehen und dasselbe dem Reiche gehorsam machen soll, worauf er vom Kaiser den Titel eines römischen Königs erhalten würde, ist ein Gerücht, wie es zu Karl's Lebzeiten offenbar allgemein verbreitet war,[2] steht natürlich nicht im Vertrag, verdankt aber seine Entstehung dem thatsächlich schrankenlosen Ehrgeiz des burgundischen Fürsten. Richtiger, wenn

---

[1] B. S., pag. 22.

[2] Vergl. Knebel I, pag. 14, 113. 144, 214.

auch ebenfalls nicht im Vertrag[1]) enthalten, ist der weitere Punkt, den Pirckheimer mit anführt, nämlich die Preisgebung der Schweiz den Angriffen Karl's gegenüber. Und was sagt Pirckheimer zu dieser kläglichen Handlung des Reichsoberhauptes? „Prudenter quidem" (sic.). Nam sive Burgundus vinceret, sive vinceretur, nihil Caesari deperire poterat. Aut enim vindictam a Foederatis erat exacturus, aut superato et cadente Duce, tota vis Imperii ejus ad Maximilianum et uxorem erat perventura." Im Vertrag kommt wie gesagt, die Bedingung, gegen die Schweizer zu ziehen, nicht vor, allein es ist mit Händen zu greifen, dass die von Pirckheimer angegebene Rechnung von Friedrich thatsächlich gemacht wurde: Am 12. April 1476 schreibt Panigarola[2]) dem Herzog von Mailand, dass ihm Hessler mitgetheilt habe, der Kaiser mache das Anerbieten, in eigener Person gegen die Schweizer zu ziehen. Der italienische Gesandte weiss aber ganz wohl, wie er dieses Versprechen zu deuten hat: Alles das ziele dahin, das Wohlwollen zu gewinnen, um endlich mit der Heirat der Tochter seiner Herrlichkeit in's Reine zu kommen. Und ganz ähnlich Knebel, der für die Kenntniss der damaligen öffentlichen Meinung geradezu unschätzbar ist:[3]) Dominus Fridericus Romanorum imperator mandavit omnibus civitatibus imperialibus Sweviae, ut Switensibus non veniant in

---

[1]) Derselbe ist abgedruckt *Chmel*, Monumenta Habsburgica, 1854, I, pag. 131 ff. Er bezieht sich auf gegenseitige Unterstützung, Abmachung von Streitigkeiten, ungehinderten Verkehr, alles Nebensachen gegenüber dem berühmten Heiratsproject, welches v. Karl erst am 6. Mai 1476 urkundlich bestätigt wurde (pag. 134).

Ueber den casus belli finden sich bloss im Zusatzartikel einige Worte: Der Kaiser verspricht wegen der dem Herzog widerrechtlich entgangenen Grafschaft Pfirt Ordnung zu machen und zwar innerhalb 6 Monaten. Gelingt ihm dies nicht, so ist beiden Theilen unbeschadet des gegenwärtigen Friedens der Rechtsweg offen.

[2]) Ochsenbein, Urkunden, pag. 114.

[3]) I, pag. 433, die Nachricht datirt vom 6. Juni 1476.

subsidium, sed pacem cum duce Burgundie factam observent, non fit sine causa, *quia ille fatuus Burgundus spopondit sibi, videlicet imperatori, ut pro dote filie sue subjugaret sibi et traderet Switenses filio.* [1])

Wie ganz allgemein diese Anschauung verbreitet war, erkennt man daran, dass sie auch Bullinger bringt und das fast mit denselben Worten wie Pirckheimer, nur dass dessen fatales „prudenter quidem" fehlt, das wir ihm doch wahrhaftig geschenkt hätten. Bullinger schreibt: [2]) Vor Neuss machen Kaiser Friedrich und Herzog Karl einen Vertrag, dass ihre Kinder einander heiraten sollen; alle die am Kriege theilgenommen, werden mit in den Frieden eingeschlossen mit einziger Ausnahme der Bundesgenossen. Es handelte da aber Kaiser Friedrich „Vntreulich" an den Bundesgenossen, denn wären diese nicht so tapfer gegen den Herzog ausgezogen, so wäre der Kaiser nicht so bald zum Frieden mit ihm gekommen. „*Man hate aber den Verstand daruf, Bezrung der Burgunder die Bundesgenossen, were der keysser an diesen losen Bauern gerochen. Wurde der Herzog geschlagen, so were man derselben Burde, die Jederman ein über burde was, entladen.*"

Uebrigens motivirt auch Klüpfel in seiner bekannten Abhandlung über die Lostrennung der Schweiz vom deutschen Reich die Handlungsweise Friedrich's in dieser Weise. [3])

Was nun die Burgunderkriege und die bei denselben getriebene kaiserliche Politik betrifft, so hat sich Pirckheimer gar keine Gedanken darüber gemacht, wie sehr diese beiden Factoren dazu mitgewirkt haben, einen darauf folgenden Schwabenkrieg zu veranlassen. Und wie nahe lag die Reflexion,

---

[1]) Vergl. dazu ibid., pag. 348 u. 387.

[2]) A. a. O., pag. 360.

[3]) Sybel'sche Zeitschrift, 1866, pag. 16.

dass sich das Selbstbewusstsein der Eidgenossen unendlich
musste gesteigert haben, seitdem sie in drei gewaltigen
Schlachten den Mann geschlagen hatten, vor dem die grössten
Länder in Unruhe gewesen waren. Mit welchen Gefühlen
mussten sie die Politik eines Kaisers betrachten, welcher auf die
offenkundigste Weise in dynastischem Specialinteresse ein
Reichsland der Invasion des gefürchteten burgundischen
Nachbars überlieferte!

Sollte man dieses Urtheil anachronistisch, als vom Standpunkt der heutigen Denkweise aus gefällt, finden, so braucht
man ja nur die Zeitgenossen zu verhören, um die „allgemeine Erbitterung", wie Meyer von Knonau mit Recht sagt, [1]
über dies Verhalten kennen zu lernen. Mit verhaltenem
Grimm schreibt Dieb. Schilling: [2] „Der römisch Kaiser, der
billich dem heiligen Rych und gemeiner Tütscher Nation by-
gestanden wer, sass auch still, und that als ob ihm die Ding
nüt zu schaffen geben, doch das unzimmlich Fürnemmen und
Handlungen siner Majestät, wider die von Bern und ander ge-
mein Eidgenossen wird umb des besten willen underwegen
gelassen." Und Edlibach: [3] „vnd also schloss sy (die Eidgenossen und alle die zum „grossen Bund" gehörten) vs von
dissem friden dz doch wider alle billikeit wz, vnd wider gott
diewil vnd doch derselb keisser fridrich von österich sy mit
sinen eignen missiffen vnd brieffen mant bin sinen keisser-
lichen hulden denn hertzog von Burgunde ze bekriegen wie
wie den da vor statt." . . . Auf Knebel haben wir schon

---

[1] „Zwei latein. Gedichte über die Kämpfe gegen Karl den
Kühnen" von *M. v. K.*, Anzeiger für schweiz. Geschichte, 1870—73,
pag. 315 ff.

[2] Chronik d. Burgunderkriege, pag. 305. Vergl. dazu pag.
102 u. 105 die starken bezeichnenden Stellen u. pag. 276 (Droysen,
Deutsche Politik II, 306).

[3] A. a. O., pag. 149.

hingewiesen, wir können es aber nicht unterlassen, hier die kräftige Antwort mitzutheilen, welche nach demselben Strassburg und Basel dem Kaiser auf dessen merkwürdiges Verlangen gegeben hätten, „qui sibi responderunt, so schreibt er, [1] quod illam quam cum Switzeris fecerunt, ligam non alio animo fecerunt, quam ut ipsi libere possent subesse Romano imperio, sed ipse dominus imperator niteretur eos velle separare ab imperio, unde ipsi hoc non tenerentur et pocius Switzeris suis confederatis assistere, quam obedire imperatori, *cum per suum mandatum non augeretur imperium, sed diminueretur, et pocius diceretur minustus quam augustus.*" Und *Ludwig Dringenberg*, Rector von Schlettstadt klagt in einem lateinischen Gedicht Friedrich an, durch seinen Hass gegen die Schweizer den Herzog Karl in den Kampf mit denselben verwickelt zu haben. [2]

Dass Pirckheimer die einzelnen Kriegs- und Schlachten-facta, die er nicht aus Autopsie kannte, nicht genau schildert, nehmen wir ihm nicht übel, darüber lässt sich hinwegkommen, haben wir doch genug andere Autoren, die hier für ihn einstehen. Aber schlimm ist es, dass er, der hochstehende Patricier, von dem wir so sehnsüchtig ein eigenes Urtheil über diese Dinge zu hören begehrten, in allem, was Charakteristik der leitenden Staatsmänner und ihrer Politik betrifft, in dem einzigen Werke, wo er es ungezwungen hätte thun können, geradezu stumm bleibt. Wie anders stehen da andere gleichzeitige Historiker neben ihm. Comines wagt man gar nicht zur Parallele heranzuziehen, aber wie treffend

---

[1] pag. 434: Was das Verhältniss von Reich u. Eidgenossenschaft betrifft, so wäre überhaupt einmal zu wünschen, dass d. Geschichte d. gegenseitigen Sympathien u. Antipathien mit völliger Objectivität geschrieben würde. Ein solches Unternehmen wäre die wünschenswertheste Ergänzung zu der diplomatischen u. militärischen Geschichte jener Zeiten.

[2] Anzeiger, 1870—73, pag. 318.

und umsichtig beurtheilt ein *Anshelm* Dinge solcher Art!
Er versteht es, in Kürze den Kern der Sache zu treffen, wobei man auch seine allegorische Ausdrucksweise gern an-
hört. Führen wir zur Vergleichung nur die Stelle an, wo
Anshelm von dem Ursprung der Burgunderkriege spricht:[1])
„Dann wie in disen ziten diser Herzog und d'Eidgnossen
allein uber al Tütsch und Wälsche nationen kriegs halb hoch
geachtet und gevörchtet waren; also ward von Tütschen und
Wälschen flissig gesuocht, si, namlich den schwarzen löwen
und schwarzen stier, anenandren ze hetzen. Do aber der
löw (Burgund), als gschider, nit wolt anbissen, do ward gefunden, dass der stier, als einvältiger, mits bären vorpiss,
anbeiss, ouch der maussen, dass er den löwen um sin gross
guot, hohen muot und edel bluot bracht.“

Solche Stimme hören wir bei Pirckheimer nie; sein Alter
und die etwas an die Schule erinnernde Anlehnung an die
antike Geschichtschreibung (also der humanistische Factor),
lassen solche frischen kernigen Urtheile nicht aufkommen.
Wo wir den Rathsherren gerne hören möchten, da vernehmen
wir nur den humanistischen Gelehrten. Denselben Eindruck
haben wir vor allem auch bei der Characterisirung Karl's des
Kühnen.[2]) Man braucht gar nicht einmal Comines oder
Basin neben sich zu haben, um von der Inhaltlosigkeit dieses
Porträts überzeugt zu sein. Dasselbe erscheint wie eine
jener in der Literatur aller Zeiten auftauchenden „oraisons
funèbres“, welche das Motto De mortuis nil nisi bene an der
Stirne tragen.

Sei es Zufall, sei es, dass hier eine richtige Reminiscenz
zu Grunde lag, die Notiz über Karl's Statur (staturae

---

[1]) Die Berner Chronik des *Valerius Anshelm*, ed. *Blösch*.
Bern 1884, pag. 77.

[2]) B. S., pag. 34.

mediocris), stimmt mit dem, was Basin darüber mittheilt.[1]) Aber wie harmoniren Pirckheimer's lobpreisende Worte: Ob tales igitur virtutes a suis non solum ut bonus princeps, sed tanquam pius parens colebatur mit den folgenden, auch aus Basin:[2]) Sed et non minus (als Adel und Klerus) vulgus tertii (le tiers état!) atque inferioris Status de principe atque suis querimonias depromebat. Asserebant enim se novis et exquisitis vectigalibus atque onere gravium collationum mirum in modum, supra virium facultatem, onustos nec promissis suis et juramentis principem attendere, quibus nedum initio cum terrarum possessionem nactus fuit, sed etiam post-modum frequenter accolis terrarum, cum aliquam ab eis peteret pecuniarem subventionem pollicitus fuerat, infra ter-minum dictae faciendae collationi praestitutum, aliam se minime esse facturum vel requisiturum. Hoc nempe etsi ali-quando et saepe promisisset, minime tamen, ut ajebant, ob-servabat; sed concessa atque indicta, esto gravia et ad feren-dum dificillima, novis superindictis frequentibus unnulabat." Karl erlaubte sich im Verlauf des Krieges schweren Druck aller Art. Schilling sagt von ihm: Und wo ein armer Mann in Burgund zwei Häfen hatte, dem nahm er den einen, und was von ehernem Geschirr war, davon nahm er Jedermann die Hälfte, damit er wieder zu anderem „Gezüge und Büchsen" kommen möchte.[3])

Und wie stimmt zu all' den Tugenden, welche Pirck-heimer ihm nachrühmt — so fragen wir weiter — die von diesem selbst erzählte grausame Hinrichtung der Besatzung von Granson?[4]) Pirckheimer erzählt diese Unthat pag. 23, sagt

---

[1]) *Th. Basin*, Histoire des règnes de Charles VIII et de Louis XI, ed. Quicherat, Par. 1856, II, pag. 419.

[2]) Ibid., pag. 408.

[3]) Weitere Aussagen über Karl's Regierung finden sich in Knebel I, 94 n. 168.

[4]) welche nach d. neuesten Forschungen entgegen *Gingins* in d. That voll u. ganz Karl zugeschrieben wird. Cf. Ochsenbein,

aber weiter nichts darüber als: „er glaubte dadurch den Eidgenossen Furcht einzuflössen", während er nachher bei dem Gemetzel nach Murten die Etterlin'sche Erzählung durch Wendungen erweitert, die ganz deutlich den Abscheu vor diesem entsetzlichen Blutbad fühlen lassen.[1]) Es möchte diese Stelle, sowie die spätere (pag. 99), wo er dem mailändischen Gesandten den Rath gibt, den Schweizern nicht zu sehr zu trauen, und dann das brandmarkende Urtheil über den Verrath Lodovico Moro's, die Ansicht bekräftigen, dass Pirckheimer nur da offenkundig die Partei der Schweizer ergreift, wo diese im Kampf gegen Adel und Schwaben auftreten. Auf andere Weise lässt sich der Widerspruch nicht lösen.[2])

Was die Nachricht Pirckheimer's betrifft, dass viele nicht an den Tod Karl's geglaubt hätten („quamvis constaret, illum a Lotharingiae Duce honorifice Nansei esse tumulatum"), so wird uns dieselbe von allen Seiten bestätigt. Schilling (der Berner), Basin, Knebel, Naukler wissen davon zu erzählen. Die Welt schien, wie bei Napoleon I., nicht begreifen zu können, dass der „gros Blut Vergiesser",[3]) der so vielen Lärm gemacht hatte, nun doch einmal ruhig geworden sei.[4])

Schlacht b. Granson a. a. O. — Ueber Karl's militärische Fähigkeiten vergl. Rüstow a. a. O., I, 132, wo über ihn auch auf diesem Gebiete ein ganz vernichtendes Urtheil gefällt wird.

[1]) z. B.: pecorum instar mactabantur, frustra manus in coelum tollentes, et lacrimis misericordiam implorantes.

[2]) Zu vergleichen ist dann namentlich auch d. bezeichnende Stelle aus d. Zürcherkrieg, pag. 18 u. 19, mit d. Entlehnungen aus Hämmerlin u. Enea Silvio.

[3]) wie Schilling d. Herzog nennt.

[4]) Von Napoleon erzählte mir es mein unvergesslicher Lehrer, Herr Prof. A. E. Biedermann in Zürich. Während seiner Jugendzeit habe er oft davon reden hören, der grosse Soldatenkaiser lebe noch und werde dereinst mit grosser Macht nach Frankreich zurückkommen.

Werthvoller als sein Raisonnement über Politik und
Politiker sind Pirckheimer's Worte über den Einfluss der
schweizerischen Bewaffnung auf die der deutschen Landsknechte. Die grosse Aenderung, welche bei diesen eingeführt
wurde, bestand darin, dass der Schild, den man bisher noch
gehabt, fallen gelassen wurde und als Hauptwaffe der lange
Spiess, die Picke — sarissa — wie sie Pirckheimer nach
Analogie der makedonischen Waffe nennt, eingeführt ward. [1]
An dieser Stelle ist es auch, wo er die besprochene Etymologie des Wortes Landsknecht gibt.

Mit der Beschreibung der Burgunderkriege hat Pirckheimer den ersten Theil seiner Aufgabe gelöst. Er kann
schreiben: „Nulla potentia tanta erat, quae illos post oppressum
Burgundum lacessere auderet“, und dies zu beweisen, war
ja sein ausgesprochener Zweck.

Das zweite Buch behandelt speciell den Schwabenkrieg.

----

[1] Vergl. hierüber *Rüstow*, Geschichte der Infanterie I, pag.
136, 153, 158, wo das schweiz. Fussvolk der Lehrmeister d. Infanterie von ganz Europa genannt wird. Dann pag. 198: Nun tritt
im 15. Jahrhundert das schweiz. Fussvolk in seinen Bergthälern,
wie Minerva im Haupte des Zeus erwachsen u. gepanzert auf die
Bühne der Weltgeschichte u. tritt kühn der Reiterei u. d. Ritterschaft entgegen, immer siegreich, selbst da, wo es unterliegt.

Dazu *v. Elgger*, Kriegswesen und Kriegskunst der schweiz.
Eidgenossen im 14., 15. u. 16. Jahrhundert; Luzern 1873. Elgger
gibt ganz hübsche Zusammenstellungen, allein bei d. Benützung d.
verschiedenen Quellen macht sich doch etwas der Mangel einer
strengen historischen Kritik geltend. So z. B. stützt er sich in verschiedenen Fällen auf P., wo er besser gethan hätte, andere Autoren
zu consultiren.

Kritischer Ueberblick
über das zweite Buch des Bellum Suitense.

Die Betrachtung über die Entstehung des Schwabenkrieges erhebt sich in keiner Weise über das Niveau derjenigen, welche wir im ersten Buch anlässlich der Burgunderkriege gefunden haben. Was Wichtiges die Worte enthalten, ist entweder aus Etterlin oder es sind Thatsachen
ganz allgemeiner Natur, die man an jedem andern Orte
auch findet.

Ehe Pirckheimer die Ursachen des Krieges bespricht,
gibt er uns eine kleine Uebersicht über Maximilian's Kämpfe
in den Niederlanden, die Bedrängniss Friedrich's durch
Mathias von Ungarn, die Bildung des schwäbischen Bundes,
als dessen Tendenz er einzig die Bekämpfung des über-
müthigen Georg von Baiern[1]) angibt. „Mox igitur Foederatio
Suevica eam induit arrogantiam, quam Bavari nuper exuerant,
nihilque impervium virtuti ac potentiae suae esse duxit,"
fügt er den wenigen Worten über dieses doch gerade für den
Schwabenkrieg so eminent wichtige Ereigniss bei, und damit ist die Sache abgethan. Man erkennt an diesem Nach-
satz wieder den Bürger des fränkischen Nürnberg, welchen
schon der Unmuth beschleicht, wenn er nur den Namen seines

---

[1]) was ganz richtig ist, allein es war nicht die einzige Ursache der Gründung, vergl. Klüpfel, Urkunden, Einl. pag. VII:
Auch gegen Süden bedurfte das Reich eines Haltpunktes. Die Städte
am See zeigten grosse Neigung zu den schweiz. Eidgenossen und
konnten durch sie dem Reiche vollends entfremdet werden. Ihre nähere
Verbindung mit den übrigen schwäbischen Reichsstädten konnte dagegen ein Mittel werden, auch die Schweizer wieder zum Reich
herüberzuziehen. Die Aussicht auf Wiedergewinnung der Schweiz
mochte für Oestreich eines der wichtigeren Motive zur Errichtung
des Bundes sein.

Nachbarn nennen hört.¹) Belehrung aber wird uns keine zu Theil.

Bezeichnend ist der folgende Passus, wo er die Abtretung Vorderöstreichs an Maximilian erwähnt. Es wird da nämlich Sigismund als der liberalissimus et humanissimus princeps gepriesen, hervorragend an Macht und Kriegsruhm. Erinnern wir uns, dass Pirckheimer's Vater Sigismund's befreundeter Rath gewesen, so sehen wir, dass auch hier wieder persönliche Verhältnisse bei der Beurtheilung den Ausschlag gaben.

Gehen wir nun aber zu den Ursachen des Krieges über. Kurz zuvor ist geschildert worden, wie Max durch den Tod des Königs Mathias von einem gefährlichen Feinde befreit worden sei, wie er Tyrol gewann, und dann fährt unser Autor fort: 'Tantis itaque successibus, non tam Maximilianus rex, quam potentes ejus elati, animo volvere coeperunt, sub qua honesta occasione Helvetiis bellum inferre, ac olim acceptas injurias vendicare possent: et haec potissima causa discordiarum fuit ... Dies war allerdings eine der Ursachen des Krieges, aber doch bei weitem nicht die einzige. Pirckheimer meldet nichts von dem Verhältniss des schwäbischen Bundes zur Eidgenossenschaft und dem maasslosen gegenseitigen Hasse, von dessen Dasein die Chroniken jener Zeit Beispiele ohne Zahl bringen, nichts davon, dass dieser Krieg nur das letzte Glied der ganzen langen Kette von Kriegen gegen das Haus Oestreich ist,²) nichts von der Annäherung der Schweiz an

¹) Diese gehegte und gepflegte Stammesfeindschaft zwischen Franken und Schwaben datirt jedoch nicht erst aus der Zeit des Schwabenkrieges. Sie findet sich, wie mir Herr Prof. Vischer gefälligst mittheilte, schon völlig ausgeprägt vor zur Zeit d. schwäb. Städtebundes.

²) Vergl. über d. Ursachen d. Schwabenkrieges *W. Vischer:* Der Schwabenkrieg u. d. Stadt Basel. Basler Neujahrsblatt 1865,

Frankreich und den Verwicklungen mit der mailändischen Politik, [1]) nichts von Berthold von Mainz und dessen Reichsreformen, [2]) nichts vom gemeinen Pfennig, nichts vom Varnbülerhandel, der die Gemüther in der letzten Zeit so sehr erhitzt hatte. Nichts, als die Notiz, dass des Königs Räthe die Schuld tragen — und woher hat er diese Notiz? Etterlin (pag. 229) schreibt wörtlich so: (Do ward) von den einen mengerley zuo tratz den Eidgenossen angefangen, doch nit von denen so zuo dem huss Oesterich gehört vnd den Eidgenossen mit der ewigen bericht verpflicht sind, sunder von denen, so jm schwebischen Pund vergriffen, *ouch des Römischen künigs rätte warent.* Seite 232 werden dann diese Räthe genannt: die künigklichen Rätte, namlich her Paule von Liechtensteig vnd Jörg Gossenbrod ... Auch Pirckheimer nennt sie, wie er in Etterlin an diese Stelle kommt (pag. 40). [3])

Während er hier, auf Etterlin basirend, die Räthe als die Haupturheber des Krieges anführt, schiebt er pag. 62, offenbar seinen Aufzeichnungen folgend, die Schuld des Krieges auf die Schwaben, [4]) und pag. 66 erfahren wir, dass die Engadiner (denen

und *Traugott* **Probst:** Die Beziehungen d. schweiz. Eidgenossenschaft zum deutschen Reiche in den Jahren 1486—1499; Archiv f. schweiz. Gesch. 1866; daneben *Ulmann.*

[1]) Vergl. *Ranke:* Geschichte d. romanischen u. germanischen Völker, v. 1494—1514[2], pag. 110.

[2]) Ulmann a. a. O., pag. 292—403.

[3]) Wir können es uns, offen gestanden, nicht recht erklären, wie Ulmann gerade bei dieser Gelegenheit P. den unterrichtetsten deutschen Geschichtschreiber jener Dinge hat nennen können. Denn hier ihm ein Lob zu ertheilen, ist wahrhaftig nicht der Ort dazu. Ulmann führt auch aus P. die „einst erfahrene Unbill" an, die „olim acceptas injurias". Ich bekenne, dass ich bei der bekannten Anwendung dieser Phrase bei P. auch nicht den geringsten Werth auf dieselbe zu legen wage.

[4]) „quum illi nulla coacti necessitate bellum Helvetiis in tulissent."

der Kaiser ob injurias nuper acceptas zürnt; wo fänden wir in Pirckheimer die injuriae nuper oder olim acceptae nicht!) die Schuld der Krieger tragen, sie seien immer den östreichischen Herzogen ungehorsam gewesen. Diese letztere Ansicht wird allerdings als die des Kaisers vorgetragen, aber Pirckheimer denkt nicht daran, sie zurückzuweisen oder zu berichtigen.

Anders schaut da wieder Anshelm die Verhältnisse an. Wiederum, wie bei den Burgunderkriegen gibt er in einem treffenden Bilde, die Hauptursache des Kampfes an:[1] „Und hergegen ward ein Eydgnosschaft, us vil erzählten Anreizungen, zu semlicher Ungeduld bewegt, dass by ihra der unlydenlichen Verachtung und dem untrüglichen Hochmuth länger vor ze geben kein Statt mehr syn mocht; desshalb kein gütliche Fridsuchung mocht erschiessen, *sonder die ryssenden, zahnbleckenden Rüden mussten einest ihren alten hass regen, und ihrer harthyssigen Zähnen Lust büssen, und also mit zerbissenen Zähnen und zerrissener hut — so nit mit guter und ganzer konntent, — lernen Frid und Ruw haben.*" Die Betonung von Hauptmotiven grosser geschichtlicher Hergänge wird jederzeit die beste Kraft des Darstellenden in Anspruch nehmen und mit Recht hat man z. B. immer die Aussage des Thukydides über den peloponnesischen Krieg[2] bewundert. Unser Anshelm in seiner derben Art wird ihm hier nicht nachstehen.[3]

---

[1] W. Anshelm's Berner Chronik, ed. Stierlin-Wyss, II, 290.

[2] Thuk. I, 23, 6: $\tau\dot{\eta}\nu$ $\mu\grave{\epsilon}\nu$ $\gamma\grave{\alpha}\rho$ $\dot{\alpha}\lambda\eta\vartheta\epsilon\sigma\tau\dot{\alpha}\tau\eta\nu$ $\pi\rho\acute{o}\varphi\alpha\sigma\iota\nu$, $\dot{\alpha}\varphi\alpha\nu\epsilon\sigma\tau\dot{\alpha}\tau\eta\nu$ $\delta\grave{\epsilon}$ $\lambda\acute{o}\gamma\omega$ $\tau\sigma\grave{\upsilon}\varsigma$ $\mathcal{A}\vartheta\eta\nu\alpha\acute{\iota}\upsilon\varsigma$ $\dot{\eta}\gamma\sigma\tilde{\upsilon}\mu\alpha\iota$ $\mu\epsilon\gamma\acute{\alpha}\lambda\upsilon\upsilon\varsigma$ $\gamma\gamma\nu\upsilon$-$\mu\acute{\epsilon}\nu\upsilon\upsilon\varsigma$ $\varkappa\alpha\grave{\iota}$ $\varphi\acute{o}\beta\upsilon\nu$ $\pi\alpha\rho\acute{\epsilon}\chi\upsilon\nu\tau\alpha\varsigma$ $\tau\upsilon\tilde{\iota}\varsigma$ $\varLambda\alpha\varkappa\epsilon\delta\alpha\iota\mu\upsilon\nu\acute{\iota}\upsilon\varsigma$ $\dot{\alpha}\nu\alpha\gamma\varkappa\acute{\alpha}\sigma\alpha\iota$ $\dot{\epsilon}\varsigma$ $\tau\grave{o}$ $\pi\upsilon\lambda\epsilon\mu\epsilon\tilde{\iota}\nu$.

[3] Will man auf den innersten Kern des Schwabenkrieges zurückgehen, so sind ganz zweifellos die jahrhundertelangen Kämpfe der Eidgenossen gegen das Haus Habsburg und der daraus ent-

Nachdem Pirckheimer in solcher Weise die Ursachen
des Krieges abgethan, geht er, theils nach Etterlin, theils
nach eigenen Erinnerungen, auf die Graubündner Wirren über,
wobei es ihm begegnet, dass er die versuchte Vermittlung
des Constanzer Bischofs zweimal erzählt, und das zweite
Mal ein „iterum" davor setzt. Nach Etterlin wird dann
vom Vertrag von Glarus gesprochen, darauf erzählt er den
Beginn der Feindseligkeiten, die er, characteristisch genug,

standene aufgespeicherte Hass zwischen den beiden Parteien als die
tiefstliegenden Ursachen zu nennen. In solchen Kämpfen pflegt
Katastrophe auf Katastrophe zu folgen, und den beidseitigen Antheil
an der „Schuld" kann kein menschlicher Richter mehr abwägen.
Wenn irgend etwas, so gleichen im Völkerleben Vorgänge solcher
Art den Naturprocessen, die, einmal entstanden, mit unabwendbarer
Nothwendigkeit sich bis zu dem bestimmten Endpunkt entwickeln.
Seit der Stunde, wo Rudolf von Habsburg in Einer Hand die Land-
grafenwürde des Zürichgaus und die deutsche Königskrone vereinigte
(Vischer, Sage, pag. 121, war naturgemäss der Conflict gegeben,
welcher 1499 sein factisches, 1648 sein nominelles Ende fand. Man
darf die Frage aufwerfen, ob die Schweiz dem deutschen Reich nicht
erhalten geblieben wäre, wenn in der 2. Hälfte des 15. Jahrhunderts
nicht Habsburger den deutschen Kaiserthron innegehabt hätten. Auf
jeden Fall nein, nachdem einmal ein Friedrich III. den Vertrag von
Nancy abgeschlossen hatte, durch welchen die Eidgenossen vom Ober-
haupt des Reichs ja geradezu aus diesem ausgeschlossen worden
waren. Es war nur die Macht der Gewohnheit, wenn Schweizer noch
von der Reichsangehörigkeit sprachen. Will man die Schweizer be-
schuldigen, dass sie sich egoistisch vom Reiche abgewandt, dem
Golde des französischen „Aetty Küng" folgend, so darf man dafür
vielleicht fragen: Was hatte ihnen denn das damalige Reich zu
bieten? Hatten sie nicht schon geordnete Verwaltung, Gesetz und
Recht auf ihre eigenthümliche Weise, wie man es ihnen nicht besser
darbieten konnte: Hatten sie bei der zweideutigen Stellung des
kaiserlichen Hauses nicht immer neue Angriffe von demselben zu
gewürtigen? Und dann dürfte man schliesslich ebenfalls fragen: Wie
stellten sich denn die andern Länder zu der Reichsreformation?
„Viele geistliche Fürsten mochten das rein weltliche Kammergericht
nicht anerkennen. Der „gemeine Pfennig" stiess allenthalben auf
grossen Widerspruch. Die fränkische Ritterschaft protestirte gegen

mit einer Anekdote einleitet (pag. 40). Für die darauf folgenden Kriegsartikel der Eidgenossen [1]) muss ihm ein solcher
Erlass wirklich vorgelegen haben, oder er müsste sonst
irgendwie Kunde davon erhalten haben. Es sind Bestimmungen einer Reisordnung, wie sie damals jedes Ort für
seine Mannschaft aufstellte: Disciplinarvorschriften, Maass-
regeln betr. Verproviantirung und einiges, was man unbedenklich als wahr annehmen darf. Meyer in seiner Abhandlung
über die Schlacht bei Frastenz [2]) bringt eine ganz ähnliche
Kriegsordnung aus dem Jahr 1510, von der er wohl mit
Recht vermuthet, dass sie schon 1499 bestanden haben
möchte, doch ist es nicht die gleiche wie die, welche Pirckheimer mittheilt; namentlich fehlen ihr die Weisungen über
die Verproviantirung. Dass die Pirckheimer'schen Notizen
aber wirklich auf amtliche Erlasse zurückgehen, beweist die
Stelle: „captivum inter proeliandum non ducunto; sed inter-
ficiunto,“ da von der Tagsatzung gerade dieser Punkt sehr
betont wurde. „Jedes Ort soll die Seinen schwören lassen,
wenn wir hiefür ein Gefecht und Streit thun, keine Gefangenen
zu machen, sondern alles todt zu schlagen „als vnser fromen

---

die „unerhörte Neuerung“, dass man sie zu Steuern heranziehe, da
sie als freie Franken doch nur zum Waffendienst verpflichtet seien.
Maximilian selbst macht gar keine Anstalten, die Erhebung des
Pfennigs in Oestreich zu bewirken und in den Niederlanden, dem
Gebiete seines Sohnes, dachte man vollends nicht daran, dem Reichs-
schluss zu gehorchen. Nur mit Zögern schritt der König zur Ein-
setzung des Kammergerichts, und war weit entfernt, die Wirksam-
keit desselben zu befördern. Unvollständig besetzt und bezahlt, ge-
rieth es bald in Stockung.“ (Weber, Allg. Weltgesch. [3] IX, 170.)
Und wie die Hansastädte sich zum Reich stellten, das haben wir
aus P. erfahren. Bei diesem losen u. bröckligen Zustand des Reichs
wollen wir doch den alten Eidgenossen wahrlich ihre „egoistische“
Politik nicht übel nehmen.

[1]) pag. 41 u. 42.

[2]) Archiv für schweiz. Gesch. XIV, pag. 37.

Altvordern allweg brucht haben."[1] Auch Anshelm führt eine
solche Reisordnung an.[2] Offenbar ist diejenige Pirckheimer's
die eines bestimmten Ortes, welche er durch irgend einen
Zufall zu Gesicht bekam, und die er dann der Hauptsache
nach copirte.

Das erste grössere Treffen, das er ausführlicher schildert,
ist das von Fussach[3] (oder Hard), welches am 20. Februar
geliefert wurde. Nach Pirckheimer ist dasselbe eine in pani-
schem Schrecken ergriffene Flucht der Kaiserlichen nach vor-
ausgegangenem Uebermuth der gemeinen Soldaten, während
die Führer „nihil temere" ausführen wollten, sondern vor-
sichtig zuerst „speculatores" ausgesandt hatten. Die Zahl
der Schweizer wird auf über 20,000 (!) angegeben.[4] Von der
ganzen Erzählung möchte ausser der Notiz, dass das kaiserliche Heer zuerst auf eine kleinere Vorhutabtheilung der
Feinde stiess[5] (die aber entschieden nicht aus Reiterei bestand), und der recht realistischen Schilderung von der unheil-
vollen Flucht der Schwaben nichts als Quellenmaterial anzu-

---

[1] Eidg., Abschn. III, 1, pag. 600.

[2] II, 349.

[3] Cf. Etterlin, 233, Anshelm II, 339, *Lenz:* Der Schwabenkrieg, ed. H. v. Diessbach, pag. 46; Ursprung 41; Vierblättrige
Dufourkarte, Blatt II; Ulmann, pag. 724.

Die Reimchronik des Joh. Lenz ist nach Vetter (Quellen zur
Calver Schlacht a. a. O.) i. J. 1500, spätestens 1501 abgeschlossen
worden.

[4] Anshelm sagt 341: „uf zechentusend geschätzt" u. das ist
ohne Zweifel noch viel zu hoch gegriffen.

[5] Nach Anshelm u. Ursprung war von d. Eidgenossen zuerst
nur eine Schaar v. 400 Mann auf dem Platz, welche durch Signale
den Haupthaufen erst herbeirufen musste.

sehen sein. [1]) Alles andere scheint mir echt Pirckheimer'sche Beigabe zu sein. Unterlässt er es doch auch nicht, am Schluss die uns genugsam bekannten Reflexionen daran anzuknüpfen: Et profecto, si quis recte considerare velit, non solum ea clades, sed omnes aliae ob militum praecipue temeritatem, nimiumque hostium acceptae sunt contemptum, quum Helvetii nil nisi ex praescripto agerent, ac diligentissime disciplinam servarent militarem. Dann wird den Ulmern noch ein Hieb versetzt: sie seien die Tapfersten mit dem Maul, die Feigsten, wenn es zur That komme (clamore essent ferocissimi, manibus vero ignavissimi). Nach Anshelm hatten allerdings die Ulmer den grössten Verlust erlitten, und auch nach Ungelter's Bericht muss man annehmen, dass die Haltung der bei diesem Treffen betheiligten Leute nicht die muthvollste war. [2])

Ulmann gesteht, dass er eine Combination „des hier unentbehrlichen Pirckheimer" mit eidgenössischen Quellen nur bei Uebereinstimmung mehrerer der letztern gewagt habe (725, Anm.). Das ist entschieden das Sicherste. Allein ich möchte noch weiter gehen. Warum ist denn Pirckheimer hier „unentbehrlich?" Dasjenige, dem man Glauben schenken darf, findet sich auch in Anshelm und Ursprung, und in Bezug auf das, was darüber hinausgeht, soll man da, einzig um die Darstellung vervollständigen und abrunden zu können, bei einem Autor Hülfe suchen, dessen Schlachtgemälde beinahe ausnahmslos Phantasiestücke [3]) sind? Es ist Zeit, einmal mit dem Banne zu

---

[1]) Ueber d. verschiedenen Verlustangaben vergl. Ulmann, 726, Anmerkung.

[2]) Klüpfel, Urkunden, 294.

[3]) Ich führe nur noch ein Beispiel an, welches ganz besonders beredt spricht. Anlässlich der Flucht nach Bregenz schreibt P.: Instabant interim Helvetii ... sed ab equitatu, quem oppido formidabant, coercebantur, quo minus solutis ordinibus, temere insequerentur

brechen. welchen die theilweise Gegenwart Pirckheimer's am
Kriege auf die Darstellung der gesammten Ereignisse desselben ausübt.

Ist bei der Schilderung des Treffens bei Hard jedoch noch wenigstens das Bild in seinen allgemeinsten
Zügen richtig: der kurze Widerstand und der panische
Schreck, die blinde Flucht, so trifft das nicht einmal zu bei
der Erzählung des Gefechtes am *Bruderholz* ¹) (22. März).
Nach allem, was sich feststellen lässt, war der Verlauf derselben folgender: Eine Schaar von ungefähr 800 Eidgenossen
zieht plündernd in den Sundgau, derweil verlegt ihnen Friedrich Kapler mit etwa 3000 Mann den Weg, indem er sich
zwischen Bruderholz und Birs aufstellt. Die Eidgenossen,
von ihrem Zuge heimkommend — sie waren durch Signal-
schüsse avisirt worden — beschliessen, obgleich sie von
Basel aus gewarnt werden, zu kämpfen. Der Kampf entscheidet sich zu Gunsten der Schweizer, die Kaiserlichen ent-
fliehen über das Bruderholz.

Was gibt uns nun Pirckheimer? Eine farblose, schema-
tische Darstellung, auf deren Werth als Quelle wir verzichten
würden, wenn uns kein einziger anderer Bericht erhalten
wäre: ²) Breisgauer und Sundgauer (dies hat er aus Etterlin)
machen sich auf „ut Helvetiorum fines invadentes, eos in-

Nach Anshelm war nur die Nacht daran Schuld, dass Bregenz nicht
ohne alle Schwierigkeit in die Hand der Eidgenossen gefallen sei,
u. d. Acta (pag. 126) sagen: „Vff diss Schlacht luffen der Eydtgnossen Kbnecht biss gen Bregentz an die Vorstatt, vnd ward
Thorenbüren gebrandtschatzt ...“

¹) *Schradin*, Geschichtsfreund IV, 23, nach ihm Etterlin, 235,
Ungelter b. Klüpfel, 309, Anshelm II, 369, P., 47, Lenz, 80, Ursprung. 46; Dufour, Blatt I, Ulmann, 734.

²) Ulmann schreibt: „Das Treffen bedarf noch für den Verlauf
im Einzelnen weiterer Untersuchung, *da die Berichte (s. Pirckheimer ...) stark untereinander abweichen.*“ Warum sich denn
nicht einfach an die klare Darstellung Anshelm's anschliessen?

signi aliqua afficerent clade — die Helvetii erfuhren das und
erwarten unweit von Basel der Feinde Ankunft (das Umge-
kehrte ist die Wahrheit), welche trotzig, mit grosser Schaar
heranziehen. Die Zahl der Eidgenossen beträgt etwas weniger
als 2000 Mann, die der Kaiserlichen über 6000. ¹) Wie das
der Anführer der Schweizer sieht, befiehlt er den Seinen, auf
einen nicht weit weg stehenden Hügel zu fliehen, „ita tamen
ut connexis brachiis *ordines nequaquam dissolverent.* Das
Manöver wird gemacht und die Kaiserlichen mit grossem Ge-
schrei und natürlich solutis ordinibus ihnen nach. So hatte
es der Dux Helveticus gewollt, mit lauter Stimme ruft er
den Seinen zu „ut conversi hostes confusos invaderent, nil
mutatis ordinibus." . . . Die Eidgenossen, wie immer den
Befehlen ihrer Führer unter tiefem Schweigen gehorchend,
machen kehrt und stürmen „structis ordinibus" den Hügel
hinab. Vergeblich suchen sich die Kaiserlichen jetzt ebenfalls zu ordnen, es ist zu spät, sie hätten es früher machen
sollen. „Helvetii . . . integris ordinibus vagos perurgebant."
. . . Ja selbst als das Treffen entschieden war, Helvetii
ordines solvere haud audebant, timentes ne rursus victoria
e manibus — extorqueretur.

Ueber diese Schilderung ist selbstverständlich kein Wort
mehr zu verlieren, nur das muss noch bemerkt werden, dass
das fingirte Fluchtmanöver von Pirckheimer ebenfalls wieder
anlässlich der Schlacht bei Frastenz erzählt wird (pag. 54).
Wie er auf diese Idee gekommen ist, lässt sich kaum er-
rathen, vielleicht, dass ihm hier eine antike Stelle vorschwebte,
denn auf einen wirklichen Vorfall lässt es sich kaum zurück-
führen. Die alten Schweizer brauchten solche Feinheiten
nicht. Wenn sie ihr übliches Schlachtgebet gethan hatten,
so „wütschten" sie auf und überrannten das Geschütz. Das
war viel einfacher.

---

¹) Vergl. Seite 103.

Nicht viel besser sieht es mit Pirckheimer's Schilderung des Treffens bei *Triboldingen* [1]) (Schwaderloch) aus. Sie besteht aus zwei Theilen, der erste, das ist der Anfang des Treffens, die Wegnahme der beiden Luzerner Feldschlangen, das Blutbad etc., ist Etterlin entnommen. Der zweite, das ist wiederum die Uebertragung eines Manövers aus der Schlacht von Frastenz, also Phantasie. Die Schweizer sind in der Minderzahl (1500 gegen über 10,000 Kaiserliche; [2]) „Verum cum illos adeo dispersos, ac cuncta absque imperio ac temere agere cernerent," da kam ihnen die Hoffnung, dennoch, trotz ihrer Minderzahl etwas unternehmen zu dürfen. Sie theilten ihre Truppen; 500 Mann schickten sie voraus, *um die Engpässe zu besetzen, durch welche die Kaiserlichen den Rückweg anzutreten hatten.* Mit der andern Abtheilung folgten sie dem kaiserlichen Heere unter tiefem Schweigen, eine Gelegenheit suchend, wo sie dasselbe am besten angreifen könnten. Die Kaiserlichen, *obwohl sie die Zahl der Feinde wachsen sahen,* verachteten sie dennoch so sehr, dass sie weder von Beutemachen abliessen, noch sich in gehöriger Ordnung aufstellten. Endlich begannen auf einem geeigneten Terrain die Eidgenossen den Angriff (loci nacti oportunitatem, magno clamore novissimos adoriuntur, caedunt ac prosternunt). Ein schreckliches Gewühl entsteht, das Fussvolk ruft der Reiterei, diese dem Fussvolk, die Geschütze waren dermaassen mit Beute beladen, dass sie nicht benutzt werden konnten. So beginnt denn alles zu fliehen, schmählicherweise auch die Reiterei. Sed cum ad saltus venirent angustias, illasque occupatas inveniunt, penitus animum des-

---

[1]) Schradin, 26 ff., Lenz, 64 ff., Klüpfel, 314—316, Etterlin, 237, P., 49, Anshelm II, 383 ff., Ursprung, 50, Dufour, Blatt II, Ulmann, 738 ff.

[2]) Nach Ebinger betrug die Zahl der Fürstenberg'schen Armee 6600 Mann, nach Ungelter 5600, nach Georg von Emershofen nur 4900.

ponderunt. *Cum igitur ante et retro Helvetii urgerent*, ingens clades est accepta, praecipue cum currus viarum impedirent exitus, „Caesareanique existimarent hostem totis adesse viribus. *Nemo igitur retrospexit, priusquam Constantiam venisset"* . . . ja, einige stürzten sich von wahnsinniger Furcht ergriffen in den See. Wenn die Eidgenossen nicht aus Vorsicht vor der feindlichen Reiterei von der Verfolgung abgestanden wären, sie hätten noch ein viel grösseres Blutbad anrichten können. Sie selbst verloren nur wenige Mann, während die Feinde 2000 betrauerten.

Die Theilung der eidgen. Truppen, ähnlich wie sie Pirckheimer beschreibt, hat bei der Schlacht von Frastenz und an der Calven stattgefunden, nicht hier. Es ist eine blosse Uebertragung der dortigen Taktik. ¹) Noch wunderlicher als die Erwähnung der Engpässe ²) in der Umgegend von Constanz, ist seine Darstellung der allgemeinen Flucht. Durch die Engpässe müssen die Feinde zurück, diese sind nun aber zum grossen Schrecken derselben von den Schweizern besetzt, ebenso drängen von hinten die Schweizer nach — ante et retro Helvetii — man fragt sich ganz erstaunt, auf welchem Weg denn die Kaiserlichen nach Constanz gekommen sind.

Was schliesslich den Tadel betrifft, den Pirckheimer der kaiserlichen Reiterei angedeihen lässt, so ist diese Notiz so viel werth wie die übrigen : Georg von Emershofen

---

¹) Er schildert sie dort dann allerdings auch wieder unrichtig.

²) Wie er auf diese gekommen ist, lässt sich zwar begreifen. Schaut man auf der Dufourkarte die Gegend an, so sieht man, dass sich von Ermatingen aus ein sich nach Constanz hin erweiternder Streifen Landes hinzieht, der einerseits vom Untersee, andrerseits von einer Hügelkette begrenzt ist. Auf diesem Terrain spielte sich die geschilderte Flucht ab. Da mag dem alten P. bei den wenigen Andeutungen, die ihm noch über dieses Gefecht vorlagen, allerdings leicht der Gedanke an einen Engpass gekommen sein. Vergl. namentlich den Bericht Georg's von Emershofen, Klüpfel a. a. O.

schreibt u. A. in der Missive, welche er am 14. April
nach Nördlingen schickte: „Wären die Reisigen nicht gewesen, so wäre nicht der dritte davon gekommen," [1]) und
auch Ungelter lobt die Haltung der Reisigen, desgleichen
Anshelm.

Die Grösse des eidgenössischen Heeres schätzt er auf
ungefähr 1500 Mann, das ist richtig, allein er hat die Notiz
aus Etterlin. Derselbe gibt sie auf 1400 an, Pirckheimer
hat noch ein Hundert eigenmächtig hinzugefügt. Den Verlust der Schwaben gibt Pirckheimer auf 2000 an, während Anshelm selbst nur 1300 Mann nennt, Ungelter gar
nur 100.

Zwischen die Erzählung der Treffen von Hard und Bruderholz fällt die Beschreibung einer That, für welche Pirckheimer
ganz alleiniger Gewährsmann ist. Mit grosser Unbefangenheit
hat man sie in Lehr- und Lesebücher und Mustersammlungen
ausgezeichneter Heldenthaten aufgenommen. Ja Zellweger
findet sich sogar veranlasst, die Geschichte zu präcisiren,
in den Gang der Ereignisse einzureihen und die Helden
zu benennen, die diese That vollbracht [2]) — mit Einem
Wort, der Geschichte einen vollständigen Geburts- und
Taufschein auszustellen, dass man, wenn man sie in dieser
neuen Fassung liest, kaum mehr an ihrem wirklichen Geschehen zweifeln darf. Sehen wir zu, wie *Pirckheimer* sie
erzählt. [3])

Es geschah einmal (aliquando, Zellweger sagt, dass es
vor der Schlacht bei Hard war), dass Eidgenossen (Helvetii,
bei Zellweger u. a. sind es Appenzeller und St. Galler)
structis ordinibus den Rhein durchschritten, der, da der

---

[1]) Klüpfel, 316.

[2]) A. a. O., II, 288.

[3]) pag. 46.

Schnee noch nicht geschmolzen war, an dieser Stelle
— oberhalb Bregenz — öfters passirbar war.¹) Als die
Vorderen schon am jenseitigen Ufer angekommen waren, erhob sich plötzlich ein Lärm, der Feind sei da! Denn feindliche Reiter, die als Vorposten aufgestellt waren, hatten sich
sehen lassen. Die Hauptleute geboten Halt, bis man wisse,
was der Feind im Schilde führe. Es blieb daher ein jeder
an dem Orte, wo er stand „ordinibus plane servatis," so dass
diejenigen, welche das Land schon betreten hatten, hier, diejenigen aber, welche noch im Flusse standen, im Flusse
stehen blieben, obgleich einigen das Wasser bis zu Schultern
und Kinn reichte. Zudem war Eisgang, und die Krieger
mussten mit ihren Picken die Eisklötze von sich abwehren.
In dieser Stellung harrte man zwei Stunden aus, bis gemeldet
wurde, es zeige sich kein Hinterhalt, denn sie hielten es für
schimpflich abzuziehen, ohne den Feind gesehen zu haben,
für tollkühn aber, ohne genaue Kundschaft vorzurücken. Adeo
severe tam hic quam alibi militarem servabant disciplinam.

Die Erzählung würde eine physische Kraft und einen
heroischen Muth beweisen, wie sie nur mythischen Zeitaltern
zukommt. Wir möchten sie als stark übertrieben auf sich
beruhen lassen. Denn:

1. War Pirckheimer nicht Augenzeuge, sondern er erzählt es andern nach, da er erst im Mai auf dem
   Kriegsschauplatz ankam, und der Vorfall nach ihm
   zwischen die Treffen von Hard und Bruderholz fällt.

2. Kennen wir die Einseitigkeit aller seiner Geschichten, welche über die Disciplin der Eidgenossen
   handeln.

----

¹) Das ist richtig, es wird auch von Andern berichtet. Cf.:
Ettliche Chronickwurdige sachen durch *Ludwig Feeren*, der Zytt
Stattschrybern zu Luzern beschriben, Anno 1499; Geschichtsfreund
II, 143: zugent sy wider hinder sich durch den Rin, der domaln
gar klein was, das man jm watten mocht.

3. Wird überhaupt schwerlich ein Mensch in einem fliessenden Wasser wie der junge Rhein auch nur einige Minuten stehen bleiben, wenn ihm das Wasser bis an Schultern und Kinn geht, was jeder weiss, der das einmal versucht hat. An zwei Stunden ist gar nicht zu denken.

4. Ist — wie wir von einem Fachmann wissen, auch gar nicht anzunehmen, dass der menschliche Organismus jemals einen solchen Wärmeentzug aushalten könnte.

Mit wenigen Worten gesagt, wir haben das Ereigniss auf irgend einen einfachen kühnen Streifzug der Eidgenossen zu reduciren, wo der Rhein durchschritten werden musste, und weiter nichts.

Ein ausführliches Schlachtgemälde gibt uns Pirckheimer von dem Tage von *Frastenz*[1]) (20. April), aber auch hier wieder hat Ulmann recht, wenn er sagt: Pirckheimer's Bericht passt nicht in die Situation. Abgesehen von den mehrfach falschen Angaben stimmt die Composition in ihren verschiedenen Theilen selbst nicht recht zu einander. Pirckheimer erzählt:

Die Walgäuer errichteten eine Letze und erwarteten der Eidgenossen Ankunft. Als diese herankamen und die starken Befestigungen sahen, theilten sie ihre Truppen, mit dem einen Theile griffen sie die Verschanzung an, die andern sollten auf geheimen Pfaden die Höhen übersteigen. [2]) Tapfer

---

[1]) Klüpfel, 323 u. 324, Lenz, 113, Schradin, 33, Etterlin, 241, P., 53, Anshelm, 393 ff., Acta, 129, Urspr., 52 ff., Dufour, Blatt II, *W. Meyer*, Die Schlacht bei Frastenz, Archiv für Schweiz. Gesch. 1864, pag. 24—118, mit einer Uebersichtskarte, Ulmann, pag. 744 ff.

[2]) „In den schweizerischen Chroniken findet sich durchaus keine Andeutung von einem Versuche, die Letze in der Front anzugreifen." Meyer, pag. 97.

widerstanden die in der Letze, so dass die Schweizer nicht durchbrechen konnten. Die andern aber, als sie die Höhen überschritten hatten, fingen an, sich in Schlachtordnung aufzustellen.

Inzwischen kamen Reiter herzu und Fussvolk gegen 6000 Mann, [1] alle ausgezeichnet bewaffnet und guten Muthes. Sie wollten ihren bedrängten Brüdern helfen, und gegen den Willen ihrer Führer (vergl. die weise Vorsicht der Führer und die Kampflust der Soldaten bei Triboldingen) überschritten sie die Ill und stellten sich jenseits des Flusses in Schlachtordnung auf. — Man vergegenwärtige sich das Bild, das Pirckheimer gibt, wohl. Vor der Schanze wird gekämpft, irgendwo auf einer Höhe steht die andere Hälfte der Eidgenossen, ohne einstweilen noch in den Kampf eingegriffen zu haben, und über die Ill her kommen ungefähr 6000 Mann Kaiserliche, um ihren Brüdern Hilfe zu bringen. Aber statt in die Letze zu eilen und den Ihren die genannte Hilfe zu bringen, bleiben sie stehen und warten auf den Herabmarsch der eidgen. Abtheilung auf der Anhöhe. Auch die Eidgenossen haben Zeit, sie stehen „immobiles ac quieti, in ordines tamen redacti" oben und betrachten von dort die Kühnheit der Feinde, ja um diese zu vermehren, heucheln sie Furcht (timorem simulabant) und ziehen sich so eng zusammen, dass sie kaum 10,000 Mann stark scheinen, während sie in der That und Wahrheit mehr als das Doppelte betragen. — Wohlverstanden, es handelt sich immer nur um die eine Hälfte, die andere müssen wir uns kämpfend vor der Front der Letze denken. [2] Inzwischen da die Eidge-

---

[1] Danach ist zu berichtigen die Ansicht Meyer's, welcher annimmt, P. taxire das ganze kaiserliche Fussvolk auf 6000 Mann. Es ist aber klar, dass unter den 6000 nur die gemeint sein können, welche zu denen hinzukommen, die schon den Kampf begonnen haben.

[2] Wir müssten also nach P. die Stärke des ganzen eidgen. Heeres zu etwa 40,000 Mann annehmen. In That und Wahrheit betrug es 9830. Georg von Emershofen gibt auch ganz richtig die Zahl 9000 an, also war sie auch den Gegnern bekannt.

nossen noch immer nicht herabkommen, fangen die Kaiserlichen, morae pertaesi, an, den Hügel heraufzusteigen, und jetzt machen sich auch die Schweizer auf: Fit praelium ingens . . . ac ingens editur caedes. Dann kommt die Anekdote vom Heldentod Wollebs, dann noch eine Anekdote. Der Kampf dauert fort. Als sämmtliche, welche in der ersten Schlachtreihe gestanden waren, gefallen sind, fangen die übrigen, welche allmählig auch von der Seite angegriffen werden, an zu fliehen, die Flucht wird allgemein. Als das die Eidgenossen sehen, steigen sie von ihrer Anhöhe herab (jetzt erst?) zur Verfolgung. Einige von ihnen durchwaten sogar die Ill, werden aber von ihren Führern, welche sich vor der feindlichen Reiterei fürchten, zurückgerufen.

Ob die andern, die unten an der Letze gekämpft haben, während dieser Zeit noch weiter streiten, ob sie auch unterlegen sind, oder was aus ihnen geworden ist, wird uns nicht erzählt, Pirckheimer hat über der Erzählung des zweiten Kampfes den ersten total vergessen.

Wie sich in dichtem Nebel die Umrisse der Gegenstände dem Auge nur stellenweise und höchst unbestimmt zeigen, gerade so erspäht man bei dieser Darstellung nur mit der grössten Mühe die Züge der wirklichen Schlacht bei Frastenz. Statt dass die Pirckheimer'sche Erzählung hülfe, die anderen Aussagen zu berichtigen und zu vervollständigen, müssen diese helfen, in der Pirckheimer'schen Aussage das Bild des wirklichen Vorganges zu erkennen. *Den Hauptfehler* erkennt man leicht, es ist die Behauptung, dass die Eidgenossen die Letze von vorn angegriffen hätten (den ganz ähnlichen Fehler macht er bei der Beschreibung der Schlacht an der Calven) und dadurch wird a priori die ganze Betrachtung eine schiefe. Beseitigen wir den Irrthum, so versteht man, warum die Eidgenossen auf der Anhöhe 10000 Mann stark schienen; nach den Eidg., Absch. III, 2, pag. 85 betrug ihr Heer bei Frastenz 9830 Mann, und in Wirklichkeit mochten von dieser Anzahl beim Hauptangriff — nach der Vereinigung der Schaar Wolleb's mit dem Haupthaufen — nur wenige fehlen.[1]) Aber hätten wir Anshelm, Acta etc. nicht, ich frage, könnte sich — die Kenntniss von Pirckheimer's Stilisirungsweise voraus gesetzt — selbst der scharfsinnigste Gelehrte aus den Pirckheimer'schen Worten den Hergang der Schlacht so herausconstruiren, dass er dem historischen, wie wir ihn durch die genannten Quellen kennen, gliche? Seine Schilderung dieses Tages steht ganz auf demselben Niveau wie seine Schlacht bei Sempach, Murten, Schwaderloch: Wahres und sehr viel mehr Falsches zu einem Phantasiegemälde zusammengetragen.

Unter den wenigen Zügen, die werthvoll sind, müssen wir in erster Linie die Beschreibung der *Heldenthat Wolleb's* hervorheben. Ranke[2]) glaubte seiner Zeit, es sei die von Pirckheimer erzählte That der Tod Winkelried's, nur etwas anders gewendet. Pirckheimer erzählt nämlich, dass unter den Eidgenossen ein verwegener Mann[3]) gewesen sei, Heini Wolleb. Dieser zögerte nicht, sein Leben dem Vaterland zu opfern: accepta enim longiori bipenni (halapardam vocant) quam tranverse hostium submisit hastis, illisque elevatis tamdiu perstitit, ac usum hosticarum impedivit hastarum, donec multis confossus vulneribus destitueretur viribus, ac moriens procumberet in terram. Kleissner meint, es sei eine in verschiedener Form wiederkehrende Schlachtenanekdote. Nun läugne ich gar nicht, dass es solche typische Schlachtanekdoten gibt, aber ich sehe auch nicht ein, warum unter ähnlichen Umständen ähnliches nicht *zwei- oder dreimal* sollte geschehen sein. Auf fast die nämliche Weise wie Pirckheimer erzählen Acta

---

[1]) Ein kleiner Theil war allerdings, wie aus Acta, 130 hervorgeht, vor der Letze zurückgelassen worden.

[2]) Zur Kritik neuerer Geschichtschreiber[2], 1874, pag. 119.

[3]) Ueber seine Verwegenheit in andern Dingen vergl. Eidg., Abschn. III, 1, 548, 551, 555, 559. Doch, was der Mann auch gefehlt hat, durch seinen Tod für's Vaterland hat er Alles glorreich gesühnt.

und Ursprung den Tod Wolleb's. Die Acta schildern den Hergang so : [1]) Als sie die Letze überhöht hatten „da griffen sy an vnd tratt der Wolleb vnd noch einer vss der Ordnung, vnd vberschlugen entzwerchs gegen einandren mit iren spiessen, den Khünigischen ire spiess im ersten glid also, dass sy die nit vffgeben (aufheben) noch brauchen möchten, da warden der Wolleb vnd der Nenn gleich erstochen, vnd was dem Wolleben vor ein schutz mit einer büchs worden durch den hals. . . . Fast wörtlich gleich der Ursprung (pag. 53). Die gleiche Erzählung mit kleinen Varianten. Bei Pirckheimer ist es Wolleb allein, der die That vollbringt, in Acta und Ursprung hat er einen Gefährten, der mit ihm das gleiche Loos theilt; bei Pirckheimer legt Wolleb seine Waffe quer *unter* die feindlichen Spiesse und hebt diese dann in die Höhe, in Acta und Ursprung werden die feindlichen Spiesse niedergedrückt. Pirckheimer lässt ihn „von vielen Wunden durchbohrt" niedersinken, in Acta und Ursprung hat er zuvor noch einen Schuss durch den Hals bekommen. Es sind Verschiedenheiten, wie sie sich durch das wandelnde Gerücht nothwendigerweise ergeben mussten. Aber gerade dadurch wird auch so evident wie möglich bewiesen, dass Wolleb bei Frastenz wirklich eine solche Winkelriedsthat vollbracht. hat und dass Ranke irrt, [2]) wenn er glaubt es sei eine Verwechslung mit der That des Sempacher Helden.

Nun ist aber auffallend, dass in Lenz (114), Etterlin, Anshelm (396) überall ausgesagt wird, der Wolleb sei er-

---

[1]) pag. 130.

[2]) *Ranke* konnte, als er die gen. Abhandlung schrieb, Acta und Ursprung noch nicht kennen, da dieselben erst 1866 herausgegeben worden sind, und da musste sich ihm allerdings mit Nothwendigkeit der genannte Schluss aufdrängen. Einzig auf P's Autorität hin durfte man das Factum nicht für wahrscheinlich halten. Wir selbst hielten, so lange wir die beiden Bündner Quellen nicht kannten, Ranke's Meinung für richtig.

schossen worden, wobei dann noch in letztgenanntem Autor einige heldenhafte Worte von ihm mitgetheilt werden. Wie reimt sich das zusammen? Ulmann lässt ihn im Kampfe gegen die Erzknappen die von Pirckheimer und Acta erwähnte That thun und bei dieser den Tod finden. Ich glaube mit Unrecht, denn so ohne Weiteres kann doch der Bericht von Lenz, Etterlin und Anshelm nicht übergangen werden. Auch heisst es ja in den Acta, er habe „vor" eine Kugel durch den Hals bekommen, also wird auch hier eine Verwundung durch Schuss wenigstens erwähnt, und übereinstimmend führen Anshelm und Acta die That erst *nach der Ueberhöhung* an, also beim Hauptangriff. Ich glaube, den Hergang ohne Zwang so combiniren zu können: Als Wolleb auf seinem schwierigen Umgehungsmarsch auf die 300 Büchsenschützen stiess (Anshelm 395), da wurde auch seine Schaar von diesen heftig geschossen. Da mag dann Wolleb in trotziger Todesverachtung stehen geblieben sein und den Seinen kernige Worte zugerufen haben, die sich mit der Erinnerung an seine kühne Haltung den Kriegern tief eingeprägt haben. Die Büchsenschützen wurden vertrieben und nun kam man an die 1500 Erzknappen (Anshelm 395 : Also kampftent s'da hart miteinander Stich um Stich, Streich um Streich), wo in bitterem Nahkampfe um die Entscheidung gerungen wurde. Was ist natürlicher, als hier an die That zu denken, welche mit der Winkelried's so viel Aehnliches hat? *Hier* mag es wirklich eine Entscheidungsthat gewesen sein, wie Pirckheimer sagt, beim dritten und Haupttreffen wäre kein Ort mehr für sie. *Hier* kann auch Wolleb noch eine viel entscheidendere Rolle gespielt haben als nach der Vereinigung, wo doch mindestens 8000 Krieger zusammen waren. Was er *vor* derselben ausführte, musste nothgedrungen viel mehr hervorleuchten. Er vereinigte dann seine Mannschaft mit dem Hauptcontingent [1]) und im vereinigten Kampfe mit diesem

---

[1]) Dass er aber, wie Meyer will, d. Anführer d. vereinigten Heeres gewesen sei, davon finde ich nirgends etwas gesagt. (Meyer, a. a. O., 109.)

war es, wo ihm im Verlauf der Schlacht eine Kugel das Leben raubte. Die Sage hat dann, wie sie es überall thut, die auseinanderliegenden Theile zusammengetragen und ausgeschmückt. Doch das ist nur eine der möglichen Hypothesen. Es wird die Aufgabe einer Specialuntersuchung sein, hier Licht hinein zu bringen.

Im Anschluss an Etterlin, aber weit ausführlicher erzählt Pirckheimer nun den Zug einer eidgenössischen Schaar in's Hegau, die Belagerung von Stockach, wobei erwähnenswerth sind die Worte: Helvetii haud facile urbes oppugnare solent. [1]) Die lebendige Schilderung des feigen Benehmens des fränkischen Adels, [2]) und des darauf folgenden unerquicklichen Gezänks zwischen Schwaben und Franken, lässt uns gleich erkennen, dass wir mit diesen Ereignissen der Zeit nahe sind, wo Pirckheimer selbst auf dem Kriegsschauplatz eingetroffen war. Diese seine Ankunft wird dann wirklich gleich in den folgenden Zeilen erzählt, und mit diesem Momente fängt ein anderer Ton an. Freilich auch für die beiden ferneren Hauptereignisse des Krieges, die Schlacht an der Calven und die Schlacht bei Dornach ist er nicht Augenzeuge, und ihre Beschreibung, namentlich die des ersteren, leidet daher an allen Mängeln, die seine auf blosses Hörensagen hin gemachten Erzählungen kennzeichnet. Nehmen wir daher diese beiden Schlachten im Anschluss an die bisher Behandelte gleich hier vorweg.

Etterlin gibt über die Schlacht *an der Calven* [3]) („vff Malser heid") kaum 10 Zeilen, Pirckheimer war daher ganz

_____

[1]) pag. 56.

[2]) Die Missive Ungelter's bestätigt i. G. P's Worte. (Klüpfel, pag. 339.)

[3]) Acta, 133 ff., Ursprung, 59 ff., Lenz, 115 ff., (Klüpfel, 338), Etterlin, 244 (Schradin, 43), P., 63—65, Anshelm, 438 ff., Ulmann, 761 ff., *A. v. Flugi*, Die Benennung d. Schlacht auf der

auf das angewiesen, was er von Notizen über diesen Kampf
in seinem Tagebuch vorfand und das scheint nicht viel gewesen zu sein.

Was die Benennung der Schlacht anbetrifft, so hat Alfons von Flugi das grosse Verdienst, gestützt auf seine
gründliche Ortskenntniss den total irre führenden Namen
„auf der Malser Haide" gegen den richtigen „an der Calven"
vertauscht zu haben. Eine lange Discussion unter den
Historikern knüpfte sich damals an Flugi's Vorschlag, in
welcher u. A. auch Pirckheimer als Zeuge aufgerufen wurde.
Man hätte sich die Mühe sparen können, denn 1) konnte
Pirckheimer den Namen einfach aus Etterlin haben. 2) ist
richtig, dass Pirckheimer, wie Flugi zuletzt selbst sagt, [1]
die Gegenden nur oberflächlich kannte. 3) haben wir gesehen, dass es überhaupt misslich wäre, wenn man sich auf
ihn allein zu stützen hätte. Wenn aber Flugi, um die Genauigkeit der Pirckheimer'schen Darstellung zu retten, annimmt,
mit dem von Pirckheimer genannten campus Malsensis sei das
Malser Feld, das heisst die Gegend am Ausgang des Münster-
thals, eben die Oertlichkeit an der Calven — und nicht *die
Malser Haide* gemeint, so irrt er, denn Pirckheimer sagt
ausdrücklich: in cujus summitate Athesis oritur fluvius. . . .
Und trotzdem hat Pirckheimer keinen Fehler begangen! Hätte
man nämlich recht zugesehen, so würde man bemerkt haben,
dass er ja gar nirgends sagt, die Schlacht sei auf der Malser
Haide, auf dem campus Malsenis geschlagen worden, sondern
ausdrücklich: *am Ausgang des Münsterthales: Engadinenses
cum sociis opinione celerius egressi per Monasterii vallem, in*

Malser Haide, mit Kärtchen; Archiv für Schweiz Gesch., Bd. 16
(1868); *Vetter*, Eine schweizerische Heldenlegende, Jahrbuch für
Schweiz. Gesch. VIII, 1883 (enthält eine auf sorgfältigstem Quellen-
studium beruhende vollständige Beschreibung der Schlacht). Vetter,
d. Quellen zur Gesch. d. Schlacht a. d. Calven, a. a. O.

[1]) Anzeiger, 1870—73, pag. 292.

campum, ut vocant Malsensem erumpere conabantur. [1] . . .
*Caesariani igitur, ut hostes ab ingressu arcerent, Monasterii
vallem per quam introitus patebat, fossa ac vallo egregie munie-
rant, praesidioque imposito diligenter observabant.* . . . Er
befindet sich also vollständig im Einklang mit Flugi. Es ist
auffallend, dass diess in jener langen Fehde von Niemandem
bemerkt worden ist.

Dagegen ist es nun allerdings ein Fehler und zwar ein ganz
bedeutender, dass Pirckheimer ähnlich wie bei Frastenz auch
hier den Frontangriff auf die Letze von allem Anfang an geschehen, und die Theilung der Truppen nebst Umgehungsmarsch
erst eintreten lässt, nachdem mit dem Frontangriff nichts erreicht worden ist. [2] In That und Wahrheit wurde gerade
durch das Zuspäteingreifen [3] der vor der Verschanzung
stehenden Abtheilung die Schlacht von den Bündnern beinahe
verloren. Dort wo er von dem Kampf vor der Letze spricht,
kommt die merkwürdige Stelle vor: Sed instabant Duces a
tergo, non solum verbis ac hortationibus *sed verberibus etiam,*

---

[1] Dagegen lässt sich gar nichts einwenden; wollten sie aus
dem Münsterthal ausbrechen, so kamen sie dabei gewiss auch über
die Malserhaide, so gut Max über dieselbe ziehen musste, als er
gegen das Münsterthal zog. (Vergl. Klüpfel, 339: Der König sei
mit 10000 Mann über die Malzer Heide gezogen...) Dass P. den
introitus nicht nennt, darf uns nicht befremden. Abgesehen davon,
dass er wahrscheinlich den Namen nicht gekannt hat (auch Georg
von Emershofen berichtet nur: Ulrich von Habsberg und die Erzknappen hätten sich am 22. Mai mit den Eidgenossen *„an einer
Lezi"* geschlagen), gibt er ja bloss in den wenigsten Fällen die genaue Oertlichkeit an. Anlässlich des Treffens von Hard nennt er
nur Bregenz, beim Treffen am Bruderholz Basel, bei der Schlacht
von Frastenz Feldkirch. Der letztgenannte Fall hat mit dem hier
besprochenen die grösste Analogie.

[2] Vetter (Jahrbuch, 216) thut P's Kenntnissen zu viel Ehre
an, wenn er glaubt, die Darstellung sei absichtlich verschoben.

[3] Urspr., 61: das gefecht weret by fünff stunden lang, der
sig stund in zwyfel, vnd wurdend der Pünter by 200 entlybet, ee
inen ir gwaltiger Huff ze Hilff kam.

minis et convitiis suos in aciem redire cogentes. Keine einzige andere Quelle weiss hievon etwas zu sagen. Und doch
ist es kein von Pirckheimer erfundener Zug, es verhält sich
mit demselben eben wie mit sämmtlichen anekdotenhaften Geschichten, die wir bei ihm vorgefunden haben. Ein historischer Kern liegt ihnen allen zu Grunde, aber wie sehr wird
eine Erzählung modificirt, wenn sie durch den Mund von
Tausenden geht. Was Pirckheimer hier mittheilt, ist — wie
schon Vetter richtig erkannt hat¹) — nichts anderes als ein
auf feindlicher Seite umgehendes unklares Gerücht von dem dem
entscheidenden Angriff vorangegangenen Conflict des Heeres
mit der Führerschaft (Freuler). Von Benedict Fontana weiss
Pirckheimer kein Wort. Es ist das kein geringer Beweis
für Vetter's a. a. O. ausgesprochene Ansicht. Wäre eine
solche Heldenthat ausgeführt worden, sie hätte gewiss so
viel von sich reden machen, wie die Wolleb's bei Frastenz,
und Pirckheimer, der so eifrig darauf ausgeht, Anekdoten
zu sammeln, würde sie sich am allerwenigsten haben ent-
gehen lassen.

Was seine Notiz betrifft, dass die Kaiserlichen durch ein
vom Feinde geblasenes Harschhorn in Schrecken gejagt worden
seien, weil sie geglaubt hätten, die Urner und die andern
Eidgenossen seien im Anzug, so lässt sich darüber nichts Bestimmtes sagen. Möglich wäre es ja, dass die Bündner zu
dieser Kriegslist gegriffen hätten, möglich ist es aber auch,
dass die geschlagene Armee, wie es zu geschehen pflegt, das
nur als eine Entschuldigung ihrer Niederlage verbreitet hat.²)
Das Horn von Uri war seit den Tagen von Granson und
Frastenz bekannt genug.³)

---

¹) A. a. O., pag. 239, Anm.

²) Im letztern Fall hätten wir eine Analogie aus der Schlacht
von Dornach, wovon weiter unten.

³) Vergl. Etterlin, pag. 204, u. Schradin, pag. 35. Letzterer
schreibt:

Das Wichtigste, was wir aus Pirckheimer's Darstellung
erfahren und offenbar auch das, dem wir am meisten Glauben
schenken dürfen, das ist die feige Unthätigkeit des kaiserlichen Reiteranführers. An die Entlehnung eines antiken
Motivs zu lediglich stilistischen Zwecken, woran Vetter zu
glauben scheint, [1]) darf hier doch wohl nicht gedacht werden;
denn, wie Ulmann mit Recht bemerkt, [2]) nirgends findet sich
eine Spur, dass die Reisigen die Gelegenheit benutzt hätten,
dem zur Plünderung sich zerstreuenden Feind Widerstand
zu leisten. Acta und Ursprung bestätigen sogar [3]) ausdrücklich, was Pirckheimer sagt: „Mitler zyt als die schlacht be-
schehen was, hat ein kleiner Reisiger Zug vnder Muls vff
den wysen still gehalten, der hat noch nie kein angriff gethan, dan iren warend vast wenig vnd woltend den pauren
nit truwen."...

Verhältnissmässig noch am genausten von allen Schlachtschilderungen Pirckheimer's ist diejenige von *Dornach*, [4]) für
welche er aus Etterlin nur ganz wenige Angaben entnimmt.
Aber man sieht deutlich, dass er hier bessere Kunde hatte:

— — — —

> Der Stier von vre treib ein grob gesang
> Dass in holtz jn veld, in berg, jn tal erklang,
> Zu horen grusam, als werss ein wuttissber
> Den vinden brach dass hertz ye lenger ye mer.

Vielleicht bezieht sich auch das von P. erzählte Gerücht auf
das, was Acta, 134 mittheilen: „Es was aber ein süllich geschrey
u. grusam Khundschafft, Es kemen dreyssig tausendt Schwitzer..."

[1]) Jahrbuch, a. a. O., 239, Anm.

[2]) pag. 765/66.

[3]) Acta, 136; Urspr., 63.

[4]) Lenz, 140—153, Schradin, 49, Etterlin, 249, Acta, 144
(Urspr., 83), P., 82—86, Anshelm III, 1—13, Dufour, Blatt I,
Vischer, Basel u. d. Schwabenkrieg, a. a. O., Ulmann, 778 ff.

Die Grösse des kaiserlichen Heeres,[1] die sträfliche Sorglosigkeit Fürstenberg's, die Warnung von Basel aus,[2] der Ueberfall, der tapfere Widerstand der veterani (die geldrische Garde), der Zuzug, den die Schweizer erhalten (agmen magnum nennt ihn Pirckheimer), das Alles sind vollständig richtige Züge, welche sich auch in den schweizerischen Quellen wieder finden. Wie Anshelm, so sagt auch Pirckheimer, dass erst die Nacht die Kämpfenden schied, obgleich sich dann bei diesem die bekannte Idee wiederum einstellt, die Eidgenossen hätten sich aus Furcht vor der Reiterei zurückgezogen.

Wie er den Angriff der Schweizer erzählt, fügt er Folgendes hinzu: „Etenim pectora rubeis signarant crucibus, tergum vero albis distinxerant signis. Sub initium igitur tumultus is militaris et socialis est existimatus. Verum cum omnes sine discrimine caederentur, sero tandem hostes adesse est intellectum." Bekanntlich erzählt Hämmerlin die gleiche Geschichte von den Schwyzern im Zürichkrieg.[3] Da nun Pirckheimer nachweisbar Hämmerlin gekannt hat,[4] so könnte man versucht sein, anzunehmen, die Stelle hier sei einfach übertragen. Ich glaube nicht. Viel eher verhält es sich damit wie mit der Notiz, dass an der Calven das „bovinum cornu" geblasen worden sei. Die Kunde von der genannten Kriegslist mag verbreitet gewesen sein, und nun waren die Eidgenossen bei Dornach mit einer so unerwarteten Schnelligkeit im Lager der Kaiserlichen, dass diese die Sache gar

---

[1] P. gibt sie auf 14000 Mann an, Schradin auf 12000, Anshelm auf 15000.

[2] die er allerdings vom „Senatus" ausgehen lässt, während es nach den schweiz. Berichten nur eine private Mittheilung des unter dem Namen Pfefferhans verborgenen Hans Immer von Gilgenberg, alt Bürgermeister, war. Vergl. Vischer, a. a. O., pag. 32.

[3] Thesaurus, Dialogus, pag. 5.

[4] Vergl. pag. 120.

nicht natürlich erklären konnten. Was liegt da näher, als
dass sie den Gegnern jene Kriegslist vorwarfen. Zu alledem
war während der Schlacht noch ein wirkliches Missverständ-
niss vorgekommen, Luzerner waren auf plündernde Berner
gestossen und hatten dieselben für Feinde angesehen;[1]) vielleicht, dass dies zur Bildung dieser Sage mitbeigetragen hat.

Obgleich Pirckheimer persönlich bekannt war mit Gian
Galeazzo, dem mailändischen Gesandten, so erzählt er dennoch
die abwechselnde Bearbeitung der Eidgenossen durch Mailand
und Frankreich ganz nach Etterlin.[2]) Um die Chronologie
kümmert er sich dabei nicht viel. Die Verhandlungen, welche
Etterlin vor Dornach, die, welche er nach Dornach erzählt,
werden bei Pirckheimer sämmtlich zusammenhängend nach
der Beschreibung dieser Schlacht gegeben. Wie unzuverlässig
er über die Friedensunterhandlungen Bericht erstattet, haben
wir andern Orts erwähnt. Ausser der, zudem zur Hälfte
falschen Mittheilung über die Abtretung des Landgerichtes
Thurgau bringt er über den *Frieden* nichts Anderes als folgende Worte: pax talibus firmata est conditionibus, ut illam
utraque pars, non solum sibi utilem, sed etiam admodum
honestam censeret.[3]) Sodann erwähnt er noch die Bemüh-
ungen des mailändischen Gesandten um den Frieden, und er
vergisst auch nicht in sehr unverblümter Weise es auszusprechen, welches vor Allem die schwerwiegenden Gründe
waren, durch welche die maassgebenden Persönlichkeiten davon überzeugt wurden, dass der Frieden das Heilsamste sei.

Anders verhält es sich jetzt mit den *eigenen Erlebnissen.*
Hier fühlen wir, dass der Mann mit dabei war als sachver-
ständiger Führer — in den andern Particen haben wir nur
den gealterten Gelehrten kennen lernen. In den Theilen,

---

[1]) Anshelm, 10, Bullinger, a. a. O., 519.

[2]) B. S., pag. 86—88 u. 96, Etterlin, pag. 245—248, 251 ff.

[3]) pag. 98.

die die selbst mitgemachten Erlebnisse schildern, in diesen
besteht der wahre Werth des B. S. Pirckheimer's. Wie
lebt und webt alles, wie treten die Gestalten hervor, wie
scharf sind die Ereignisse beschrieben!

Schon zu Anfang, da er uns erzählt, [1]) wie er und
seine Nürnberger durch Schwaben ziehen „non sine periculo
et incolarum indignatione . . . quod ipsi multis ex suis
amissis, ingentique pecunia absumpta, Nurenbergensium copias,
adhuc integras viderent,“ wie werden wir sogleich mit
der Stimmung bekannt gemacht, die im kaiserlichen Lager
unter den einzelnen Theilen herrschen musste, indem schon
beim blossen Durchzug Zeichen von solcher Erbitterung auftraten.
Kaum ist die schmucke roth uniformirte Mannschaft im Feldlager angekommen, so machen dienstbeflissene Geister den
Kaiser darauf aufmerksam, dass die Ulmer ein doppelt so
grosses Contingent gestellt hätten. Aber Pirckheimer fertigt
sie gut ab: „Sie erwogen nicht, dass das Interesse am
Krieg ein anderes bei den Nürnbergern, ein anderes bei den
Schwaben war, da diese es waren, welche ohne jede Nothwendigkeit den Eidgenossen den Krieg erklärt haben. [2]) Die
Nürnberger aber hat nichts als der Gehorsam gegen den
Kaiser bewegen können, gegen die Schweizer zu Felde zu
ziehen.“ Wenn irgendwo, so ist gewiss in diesen Worten
Pirckheimer's innerste Ueberzeugung über die Ursachen des
Krieges ausgedrückt. Und welch' ein Bild entrollt sich uns,
wenn wir weiter lesen:[3]) Quicquid enim sinistri accidebat,
aut comminisci poterat, quod innocentibus notam aliquam
inurere valeret, id omne in Nurenbergensium referebatur

---

[1]) B. S., pag. 61.

[2]) Die Schwaben ihrerseits schieben, wie man aus Ungelter's
Bericht ersieht (Klüpfel, 347), den Gotteshausleuten und den Eidgenossen die Schuld am Kriege zu.

[3]) pag. 63.

caput: Jta ut etiam occulti foederis cum Helvetiis, (man höre!) submissique insimularentur subsidii: quod quidem ob nullam aliam fiebat causam, quam odium singulare, ac perversi animi pravitatem, et quod nonnulli libenter culpam propriam aliorum texissent innocentia." Die Worte lassen uns in hässliche Verhältnisse hineinblicken, allein sie haben wenigstens das eine Gute, dass sie den Stempel *der Wahrheit* an der Stirne tragen. Wir befinden uns unter den Menschen, nicht mehr unter Schemen.

Von Tettnang aus, wo er sich mit seinem Contingent dem Kaiser vorgestellt hatte, wurde er nach Lindau und von hier nach Feldkirch beordert. Bald traf auch Maximilian daselbst ein. Damals war es nun, als in Lindau Pirckheimer die schon mehrfach genannte, leider einzig erhaltene Missive schrieb. [1] Speciell für die Kenntniss jener Tage ist dieselbe natürlich noch wichtiger als die betreffende Stelle des B. S. Ist sie doch an Ort und Stelle abgefasst worden, daher sie den vollen Reiz unmittelbarster Auffassung besitzt, den directen Reflex der Stimmung. Eine Vergleichung mit dem lateinischen Texte des B. S. lässt sich nicht gut durchführen, da müssten wir schon mehr als Eine Missive haben; ausserdem ist es ein gewaltiger Unterschied, ob man am Anbeginn eines Ereignisses über Dinge schreibt, oder am Schluss desselben, nachdem man Menschen und Verhältnisse hat kennen lernen und seine verschiedenen Erfahrungen in malam et bonam partem allbereits gemacht hat. Das Urtheil muss fast nothwendig unbefangener sein. Auf jeden Fall ist zu sagen, dass die Missiven eine wünschenswerthe Ergänzung zum B. S. bilden würden; denn wahrscheinlich hätten sie eine Menge von kleinen Zügen mitgetheilt, welche wohl bei der Darstellung des gesammten Krieges übergangen werden konnten, [2] die

---

[1] Anzeiger f. Kunde deutscher Vorzeit, 1853, pag. 39 u. 40.

[2] Vieles ist freilich auch übergangen, was nach der exacten Geschichtschreibung unserer Tage ganz unerlässlich wäre. Vom Fehlen

nichtsdestoweniger aber für uns werthvoll gewesen wären. Wie tritt bei der scharfen Beobachtungsgabe, die sich in der genannten Missive ausspricht, alles lebendig vor unser Auge: das System der Vertuschung, die Bevorzugung unfähiger Herren, die peinliche Unordnung in der ganzen Leitung, welche den eben erst Angekommenen den Stossseufzer thun lässt: Got wolle, das diser zug wolgerat! Er meldet dann weiter, dass eine Botschaft vom Herzog von Mailand angekommen sei, „was die selbig handelt, ist mir verporgen. Die sag ist, sy hob gelt pracht; *thet ser not.*" So standen die Dinge also schon Mitte Mai.

Von seinem Aufenthalt in Feldkirch sprechend, theilt er uns den Feldzugsplan Maximilian's mit. Dieser hatte gehört, dass die Graubündner und Engadiner beschlossen hätten, in's Tyrol einzubrechen, daher sammelte er in dem genannten Städtchen grosse Truppenmassen, um diesen Einfall abzuschlagen. Den Sundgauern und Breisgauern befahl er, ebenfalls einen Angriff zu versuchen. Es musste derselbe keine grossen Resultate aufweisen, denn mit unverholenem Spott schreibt Pirckheimer: „Caesareani magis de fuga quam pugna cogitare coeperunt", was beinahe an die bekannten Wortspiele vom Krug und Krieg, und Schnabel und Sabel aus Wallenstein's Lager erinnert.

Inzwischen wurde, bevor der Kaiser mit seinem Heere angekommen war, die Schlacht an der Calven geschlagen, und Maximilian konnte nun nur noch darauf sinnen, die erlittene Niederlage auszugleichen (deliberabat, quo pacto acceptam ulcisceretur cladem. [1]) Das war der Zweck jenes berühmten

---

der genauen Zeit- u. Ortsbestimmungen haben wir schon gesprochen. Es muss aber auch auffallen, *dass Pirckheimer ausser Burkhard von Knöringen keinen einzigen Anführer in den verschiedenen Schlachten mit Namen nennt, ja nicht einmal den Höchst-Commandirenden der Engadiner Expedition.*

[1] pag. 65.

Zuges in's Engadin, an dem auch Pirckheimer theilnahm. 15,000 Mann Fussvolk sollten in dieses Land einbrechen, [1]) und damit für dieses grosse Heer kein Mangel an Proviant entstehe, sollte eine kleinere Abtheilung direct nach Bormio marschiren, um die Nahrungsmittel, welche der Herzog von Mailand hier bereit zu halten versprochen hatte, jenem zuzuführen. Es war Pirckheimer, der mit dieser gefahrvollen Aufgabe betraut wurde. Mit 200 Mann machte er sich auf, sein Weg führte ihn über das Wormser Joch. [2]) Furchtbar ermattet und halbtod vor Hunger kam seine Schaar in Bormio an. Statt dass sie die vom Herzog versprochenen Vorräthe hier gefunden hätten, trafen sie kaum 50 beladene Maulthiere an, und erfuhren überdiess, dass der Feind in der Nähe stünde. Solchermaassen enttäuscht, stand ihnen nun noch die weit gefahrvollere Aufgabe ob, sich mit dem inzwischen im Engadin eingedrungenen Haupttheere zu vereinigen. Nachdem man mit unendlicher Mühe die Thiere über die „Leitern" geschafft hatte, fand die Vereinigung, wie ich mit Ulmann annehme, in Livigno statt.[3]) Befehlshaber der ganzen Expedition war Graf Johann Truchsess von Waldburg.[4]) Unter diesem machte nun Wilibald Pirckheimer alle die furchtbaren Strapazen mit durch, welche das Heer desselben zu erleiden hatte.

Der Marsch durch die wilden, unwegsamen Gebirgsgegenden, die Erbitterung der Landesbewohner, die entsetz-

---

[1]) Nach Anshelm II, 456 muss der Zug Anfangs Juni unternommen worden sein. Auch P. schreibt (pag. 70): mensis erat junius.

[2]) Vergl. Dufour, Blatt IV.

[3]) Bei dem Mangel an Autopsie dieser Gegenden kann ich mir über den Weg der P'schen Mannschaft kein Urtheil anmaassen. Nach Dufour's Karte scheint mir Ulmann im Ganzen recht zu haben, wenn er annimmt (pag. 768), dass P. von Bormio bis gegen Isolaccia, dann über den monte di Scala hinüber, den Addaquellen nach gezogen sei.

[4]) Ulmann, 768, Acta 138.

lichen Leiden, denen die Soldaten ausgesetzt sind, das alles
erinnert in frappanter Weise an den Zug der Zehntausend,
und wenn irgendwo, so erinnert die lebensvolle Schilderung des Nürnberger Feldhauptmanns an das Werk des
berühmten Atheners. Wie erschütternd vermag er die
namenlosen Gräuel, die dieser Theil des Krieges im Gefolge
führte, darzustellen! Was sind das für Züge, wenn er
uns erzählt, wie 400 Kinder von zwei alten Weibern gleich
Vieh auf die Weide getrieben werden. „Erant omnes ex-
trema macie ob inediam confecti, ut effigie sua praetereuntibus
horrorem quendam injicerent." [1] Wir schaudern vor dem
grimmigen Hass, der zwischen den beiden Theilen geherrscht
haben muss, wenn wir hören, [2] dass die Bewohner von Zutz
mit eigenen Händen ihr Dorf in Brand steckten, damit es
dem Feinde kein Obdach gewähre, und die Nahrungsmittel
lieber vernichteten, als dass sie dieselben dem Feinde reichten.
Da kann man sich denken, mit welcher Wuth dann andrerseits die dem Hungertode nahen Soldaten hausten. Das
ganze Engadin glich Einer grossen Brandstätte. [3] Die Leute
waren ihrer selbst nicht mehr mächtig. Als ein Bauer mit
einem grossen Fass Wein daher gefahren kam, erhob sich um
dasselbe ein solcher Streit, dass 50 ihren Tod dabei fanden. [4]

Und wenn man sich fragt, was dann dieser Zug für

---

[1] pag. 66.

[2] pag. 72.

[3] Cf. pag. 73.

[4] pag. 75. Neben solchen schrecklichen Episoden kommen
allerdings auch solche mehr heiterer Natur vor. Pag. 71 erzählt
P., wie durch eine Lawine auf Einen Schlag 400 Krieger ver-
schüttet wurden: „eratque spectaculum illud sub initium horrendum,
cum tot homines eodem raperentur impetu, et tanquam fluctu quodam absorberentur: sed paulo post in risum est versum, cum milites
undique tanquam terra editi emergerent."

ein Resultat gehabt hat, so ist keine andere Antwort darauf
zu geben als: Unsägliches Elend und weiter nichts. Der Kaiser
hatte den Einfall beschlossen, wir wissen es, er war erbittert
auf die Engadiner, weil diese den Herzogen von Oestreich
immer ungehorsam gewesen waren. [1]) Wohl waren erfahrene
Hauptleute da gewesen, welche von diesem Abenteuer ab-
gerathen hatten, [2]) aber wenn sich der Kaiser etwas in den
Kopf gesetzt hatte, so liess er sich nicht dreinreden. [3]) So
waren die Kräfte vergeudet, und das practische Resultat war
gleich null.

Als Pirckheimer über den Arlberg her [4]) in Lindau
eintraf, war das Erste, was er thun musste, dass er sich gegen
die empörenden Anschuldigungen vertheidigte, als ob es seine
Leute gewesen seien, welche die Flucht begonnen hätten
(initium fecissent abeundi). Wenig später hören wir die
längere Rede des Hans von Beyerstorf mit an, Pirckheimer's
Gefährten, welche derselbe gegen diese vornehmen Herren
hält. Pirckheimer sagt es uns nie bestimmt, wer denn
eigentlich diese caluminatores waren. Es gehört zu den
schönsten Characterzügen Maximilian's, dass er solchen Ein-
flüsterungen gegenüber taub blieb. Pirckheimer sagt es selbst:
„Et erat Caesar inter alias animi dotes hac praecipue virtute
praeditus, ut haud facile caluminatoribus aures praeberet, sed

---

[1]) pag. 66.

[2]) pag. 65.

[3]) Klüpfel, 334 (Bericht Ungelter's).

[4]) B. S., 75: ne profectio illa fugae similis videretur, rogatus
sum a Caesaris consiliariis . . . ut non recta via ceterorum sequerer
abitum, sed retro conversus, rursus per Arlensem redirem montem.
Ita enim hostium incursum prohiberi posse existimabant, si illi audi-
rent, provinciam illam haudquaquam omni destitutam esse milite.
Der Rückzugspunkt der Engadinerarmee war *Landeck* geworden,
dort hatte sich das Corps aufgelöst. Hierauf bezieht sich das retro-
conversus rursus per Arlensem montem.

obnixe eorum foveret innocentiam, quorum nondum culpa erat comperta." [1]) So oft Pirckheimer verläumdet wurde, beschwichtigte ihn Maximilian und versicherte ihm, er sei von seiner Unschuld überzeugt. Von einem energischen Vorgehen gegen die heimlichen Ankläger hören wir aber allerdings niemals etwas.

Wie werthvoll ist überhaupt alles, was wir von Pirckheimer über Maximilian erfahren — um so werthvoller, als wir es mit der Aussage eines Mannes zu thun haben, welcher mit dem Kaiser in den freundschaftlichsten Beziehungen stand, von welchem wir daher die lauterste Wahrheit erwarten dürfen.

Als Maximilian die Niederlage in der Schlacht von Dornach erfuhr, also derjenigen Schlacht, auf deren guten Ausgang er all' sein Hoffen gesetzt hatte, da schloss er sich in die königlichen Gemächer ein — er befand sich damals in Lindau — und klagte des Grafen Thorheit und Unbesonnenheit an. Des Abends aber öffneten sich die Thüren, und ohne das geringste Zeichen von Traurigkeit hielt er Mahlzeit ab, trat dann, als die Nacht hereingebrochen war, an ein Fenster, betrachtete die Sterne und sprach viel von ihrer Natur und Macht, „adeo ut acceptae calamitatis plane immemor videtur." [2]) Am folgenden Tage fuhr er zu Schiff nach Constanz; [3]) er war sehr aufgeräumt, man vertrieb sich die Zeit mit Spiel und heitern Erzählungen.

Pirckheimer hatte von Nürnberg Verstärkung erhalten. Das gesammte Corps liess er nun in Freiburg, wo sich da-

---

[1]) pag. 62.

[2]) pag. 86.

[3]) P. befand sich mit ihm zusammen im Schiff; es war die gleiche Fahrt, auf welcher d. Kaiser seine Denkwürdigkeiten dictirte und P. Kunstrichter über Maximilian's Reiterlatein war. Vergl. pag. 16.

mals der Kaiser aufhielt, vor diesem zur Musterung auf-
stellen, [1]) Fussvolk, Reiterei und Artillerie. Maximilian ritt
auf und ab, und war aufs höchste entzückt von der schmucken
Truppe; vor allem aber empfand er Freude an den Geschützen.
Pirckheimer kannte seine Lieblingsneigung zu dieser Waffe,
er lud ihn daher ein, selbst einmal zu schiessen. Ohne Be-
sinnen sprang der Kaiser vom Pferd, zielte, feuerte und traf
mit einer Sicherheit, welche den besten Geschützmeister be-
schämen musste, worüber er sich lebhaft freute.

Wir haben Pirckheimer verlassen, wie er sich in Lindau
gegen die Anschuldigungen seiner Feinde vertheidigte. Von
da geht er mit Max nach Constanz. Interessant für die damalige eidgenössische Kriegsführung ist, was Pirckheimer bei
dieser Gelegenheit meldet. Max, der gern wissen wollte, was
die Schweizer beabsichtigen, setzte einen Preis von 100 Gold-
stücken aus für den, der einen Schweizer gefangen in's
Lager brächte. Es war umsonst! „Interfici ergo potuere,
capi nequaquam. Non tamen cadebant inulti: Et quemadmodum ipsi honestam mortem captivitati praeferebant turpi,
ita nemini quoque parcebant, sed indifferenter omnes qui in
manus eorum deveniebant, obtruncabant." [2]) In diesen Tagen
erhielt der Kaiser von den Eidgenossen einen Brief, durch
welchen sie ihn zum friedlichen Ausgleich zu bewegen suchten.
Ein junges Mädchen hatte ihn überbracht (neutra enim pars
eo in bello caduceatoribus utebatur, sed tantum vetulae quaedam, aut puellae immaturae internunciorum fungebantur
officio). Die Geschichte von diesem Mädchen und seinen
köstlichen unerschrockenen Antworten, als es im Hofe war-
tend, von einigen Grosssprechern gehöhnt, ja bedroht wurde,

----

[1]) pag. 93.

[2]) pag. 77. P. hat sich hier jedoch etwas zu unbedingt
ausgedrückt. Ulrich Strauss in seiner Missive an Nördlingen
(Klüpfel, 341) berichtet: *Gefangner Eidgenossen Aussage zufolge
leiden* sie viel vom Hunger etc.

gehört zum Reizendsten, was Pirckheimer in seinem ganzen
B. S. erzählt. Man sieht ihm aber auch die innere Freude
an, die er bei den witzigen und entschlossenen Antworten
empfunden hat.

Von Constanz aus begleiten wir Pirckheimer auf dem
Zuge, welcher von Lindau aus auf dem Bodensee gegen den
Thurgau unternommen wurde. Bei Rorschach kommt es zum
Treffen.¹) Die Kaiserlichen siegen über die Eidgenossen,
aber mit voller Anerkennung von deren heroischer Tapferkeit gesteht Pirckheimer, dass keiner geflohen sei, „sed per-
tinaciter dimicantes ac eisdem stantes vestigiis, nequaquam
inulti cadebant." Dagegen hatte er am selben Tage Gelegenheit, die panische Furcht kennen zu lernen, die einen Theil
des eigenen Heeres ergriff. Beim Einsteigen in die Schiffe
entstand auf einmal ein Tumult, Alles stürzte sich, von
Schrecken ergriffen, in die Fahrzeuge, so dass die Schiffsleute,
wenn sie ihre Schiffe nicht wollten sinken sehen, gezwungen
waren, dieselben vom Land abzustossen und die Soldaten auf-
zufordern, schwimmend oder watend sie zu erreichen. Pirckheimer selbst gehörte zu denen, die es so machen mussten.
Scharf und anschaulich ist der Hergang beschrieben; seine
frühern schematisch construirten Schlachtbeschreibungen, wo
er nicht Augenzeuge war, darf man gar nicht damit vergleichen.

Von den Kriegsgräueln, welche um diese Zeit im Hegau
verübt wurden, berichten uns Pirckheimer und Acta. Bei
beiden findet sich sogar übereinstimmend die Geschichte, wie
ein Kirchthurm, in den sich eine Anzahl Bauern geflüchtet,

---

¹) pag. 81. Es ist das zu Anfang der Abhandlung erwähnte
Treffen, von dem Etterlin sagt, dass darin die Eidgenossen mehr
denn in einer andern Schlacht Leute verloren hätten. P. spricht
von 200, nach Acta, 143 hätte der Verlust der Schweizer nur 75
Mann betragen.

in Folge einer Pulverexplosion mit sammt diesen in die Luft fuhr. [1])

Die letzten Tage des Krieges verbrachte Pirckheimer als Befehlshaber der Besatzung von Laufenburg, dessen Belagerung durch französisches Geschütz man täglich erwartete. [2]) Höchst interessant ist seine Mittheilung, wie er von dem „Praeses Silvae Nigrae" [3]) von Laufenburg aus herbeigerufen wird, um den *Bauernaufstand* dämpfen zu helfen, der sich im Klettgau erhoben hatte. Der Beamte zeichnete sich jedoch durch eine so hohe Habsucht und Gier aus, dass die entrüsteten Soldaten von den Bauern weg sich gegen ihn selbst wandten, und er hatte es nur Pirckheimer's persönlicher Intervention zu verdanken, dass er mit dem Leben davon kam.

Werthvoll ist auch die Mittheilung, dass die Schweizer durch den Mangel an Getreide und Salz zum Friedensschlusse gedrängt worden seien. [4])

Am Tage des Friedensschlusses befand sich Pirckheimer in Basel. Mit klarem Blick erkannte er, dass die Stadt nicht mehr lange beim Reich bleiben werde. Als nämlich am Tage nach dem Friedensschlusse im Münster ein grosser Dankgottesdienst abgehalten werden sollte, sah man gegen Rheinfelden hinauf an vielen Orten Feuersäulen emporsteigen. [5]) Das Volk von Basel war darüber furchtbar aufgebracht, es hätte nicht viel gefehlt, so wäre das ganze Gefolge des Königs umgebracht worden. Mit Mühe konnte der Rath die Menge beschwichtigen.

In Basel lernte Pirckheimer auch Galeazzo Visconti,

---

[1]) P., 89 u. 90. Acta, 146.

[2]) B. S., 95. Etterlin, 248.

[3]) Nach einem Artikel der „Rundenschau" (Jahrg. I., pag. 35) wäre darunter Rudolf III. von Sulz, Landgraf im Kletgan zu verstehen.

[4]) pag. 100.

[5]) pag. 98.

den mailändischen Gesandten, kennen. Derselbe kam dann mit ihm nach Laufenburg und wollte ihn überreden, in die Dienste Lodovico Moro's zu treten, Pirckheimer lehnte es natürlich ab. Er stand im Dienste seiner Vaterstadt, und war kein nach Ruhm und Beute lüsterner Condottiere. Ausserdem kannte er jedenfalls die mailändischen Verhältnisse, und es mochte ihm die Stellung eines Hauptmanns im Dienste Lodovico's nichts weniger als einladend erscheinen.

Das B. S. schliesst mit der Entlassung von Pirckheimer's Mannschaft, seiner eigenen Rückkehr und der Belohnung, die er vom städtischen Rathe sowie von Maximilian zum Dank für die geleisteten Dienste erhielt. Es ist nur recht und billig, dass das Werk, dessen materieller Werth einzig und allein in der Schilderung des Selbsterlebten besteht, mit Selbsterlebtem auch abschliesst.

Den Anlass, das B. S. abzufassen, bot ihm der Umstand, dass er den Krieg selbst mitgemacht hatte, sowie die unter den deutschen Humanisten nie aufhörende Klage, dass es dem deutschen Volk immer an Männern gefehlt habe, welche die wichtigen Ereignisse aus seiner Geschichte aufgezeichnet hätten. Das Buch trägt demnach einen doppelten Character. Zum Theil ist es persönliches Erlebniss, zum Theil Gelehrten- oder sagen wir es deutlicher: deutsche Humanistenarbeit. Als solche gehört es ganz dem Wilibald Pirckheimer von 1530 an und trägt daher auch einige Mängel, wie sie das Werk eines durch Sorge und Krankheit erschütterten Mannes aufweisen mag.

Schlussbetrachtung.

Fassen wir die Resultate unserer Untersuchung kurz zusammen. Die Hauptverdienste, die Pirckheimer sich durch die Abfassung seines B. S. erworben hat, bestehen darin, dass er ein Ereigniss aus der Zeitgeschichte nach dem Vorbild Xenophon's, Sallust's, Cäsar's in der geschlossenen Form einer Monographie bearbeitet hat, und dass — wenn auch nur äusserlich auf die Kriegsgeschichte sich beziehend — pragmatisch der Erzählung des Schweizerkriegs die frühere Geschichte des Schweizervolkes überhaupt vorausgeschickt wird. Die Schematisirung der Darstellung, die einen grossen Theil des Buches kennzeichnet, sowie die fast vollständige Nichtberücksichtigung der politisch-staatlichen Verhältnisse, lassen uns das Buch materiell werthvoll nur dort erscheinen, wo Pirckheimer selbst erlebte Ereignisse schildert. Alles Andere, was sich auf den Schwabenkrieg bezieht, kann nur als Secundärquelle betrachtet werden und ist als solche selbst noch mit grosser Behutsamkeit zu benutzen. Das Material des ersten Buches stammt fast ausnahmslos aus Etterlin.

Dafür bilden dann jene Partien, in denen er seine eignen Erlebnisse erzählt, eine unersetzliche Quelle für die Geschichte dieses Krieges. Für den Engadinerzug sind sie geradezu die einzige Quelle. Von ganz besonderem Werthe sind die Züge, welche er uns über den Character Kaiser Maximilian's gibt. Und will man die Stimmung kennen lernen, welche bei den beiden kriegführenden Parteien herrschte, so sind es die Erinnerungen Pirckheimer's, die uns darüber den lehrreichsten Aufschluss ertheilen.

Was vor langen Jahren *Leopold Ranke* auf Grund einer ganz kurzen kritischen Prüfung mit genialem Blick herausgefunden hat: „Mit dem Augenblick, wo Pirckheimer seinen Aufbruch aus Nürnberg berichtet, bekommt sein Werk Wahrheit, Leben und Zuverlässigkeit. Seitdem erscheint der Kaiser, erscheinen die Schwaben, die fränkischen Ritter, die Nürnberger, die Schweizer in ihrer besondern Natur und Eigenthümlichkeit . . ." es ist durch unsere ausführliche Untersuchung in vollem Maasse bestätigt worden.[1])

---

[1]) *F. von Wegele's* „Geschichte der deutschen Historiographie seit dem Auftreten des Humanismus" habe ich erst zu Gesicht bekommen, als die vorliegende Abhandlung bereits abgeschlossen war. Da ich, was mir eine besondere Genugthuung gewährt, im Ganzen zu denselben Resultaten gekommen bin wie Wegele, so fand ich keine Veranlassung, Aenderungen in meiner Arbeit vorzunehmen.

Berichtigungen und Zusätze.

pag. 23, Z. 2 v. ob. statt über. lies *über,*

pag. 26, Z. 13 v. ob. statt Apologie lies *Apologia.*

pag. 60, Anm. statt Wie Kleissener (Kleissner) lies *Wie Kleissner.*

pag. 70, Z. 9 v. u. ist *sich* zu streichen.

pag. 82, Z. 15 v. u. statt des anderen lies *der* anderen.

pag. 114, Anm. 3. Sollte *Bürkli* („Der wahre Winkelried“, Zürich, 1886) recht haben mit seiner Behauptung, dass die Eidgenossen schon zur Zeit der Schlacht bei Sempach die langen Spiesse gehabt hätten, so ist es Zufall, dass P. hier das Richtige getroffen hat.

pag. 119, Z. 7 v. u. statt morgen schlagen lies morgen *streiten.*

pag. 138, Z. 2 v. u. statt Vertrag von Glarus lies *Vertrag von Glurns.*

pag. 140, Anm. 2 ist nach Etterlin 233: *P. 43* einzuschalten.

pag. 153, Z. 15 v. ob. statt auch lies *auf.*

pag. 154, Z. 4 v. u. statt die lies *das.*

pag. 159, Anm. 4, statt pag. 120 lies *pag. 107.*